親子でニュースの話をしよう!

時事問題の学習のしかた

中学入試に頻出するニュース・時事問題

「現代において、人びとの注目を集め、その問題点をみんなで研究・論議して、解決していく必要のある、政治・外交・社会的なできごと・状況」を時事問題といいます。

社会科の中学入試には「前年の重要なニュース」「時事問題」が頻出するということを知っていますか？　このため、首都圏の大手学習塾のほとんどが、毎年11月初めにその年の重要なニュースを集めた解説書を制作し、12月～１月にはこれを教材とした時事問題講習を行っているほどです。日能研は、もう30年以上も前から『重大ニュース』（年度版）を制作し、６年生の12月に時事問題を扱った講習をもうけています。

しかし、ニュースや時事問題は多面的・流動的なため、小学校の授業でくわしく掘り下げて扱うことはほとんどありません。したがって、入試直前の時期に対策の授業を行うとはいっても、こうした付け焼き刃では理解が不十分で、かえって不安を残す子どもも多いのが現状です。

毎年、春から夏にかけて、受験生の保護者から「中学入試にニュースが出るって聞くけど、どう学習したらいいでしょう？」という質問をよく受けます。まず、ニュース・時事問題の出題のされ方を知ること。そして、ふだんから「入試で重要視されている時事問題テーマ」に関するニュースについて親子で話し合うという方法が有効です。

えっ、
どう答えれば
いいのかしら!?

JN085737

裁判の迅速化や，国民に開かれた裁判を目指すための司法制度改革の一環として，2009年にイ裁判員制度が導入されました。この制度は，社会経験の豊かな一般市民が裁判官と共に裁判に携わることで一般常識にかなった判断がなされ，裁判に対する国民の関心が増し，裁判に対する社会の信頼がより得られることを期待して設けられました。裁判員制度によって，〈 b 〉事件の第一審では，国民の中から抽選で選ばれた６名の裁判員が，３名の裁判官とともに事件を審理するようになりました。

問６　本文を参考にして考えてください。あなたは裁判員になりたいですか。なりたいか，なりたくないか，のいずれかを選んで，その理由を具体的に述べなさい。

なぜ、時事問題は中学入試に出るの？

私立中・高等学校の教育方針には「これからのグローバルな社会において、さまざまな課題（事象）に関心を持ち、進んでかかわれる人間を育てる」というものがたいへん多くなっています。学校は、「なぜ？」「もっと知りたい」「確かめたい」という好奇心・探究心を持つ子どもは、それが学習意欲につながっている（入学後に、つながっていく）と考えており、こういう子を入学させたいと考えています。

子どもたちがいま学習している、社会科の学習の目的は「現代社会をよりよいものにするために、まず、いろいろなものごとを知ろう」ということです。ですから、これから中学課程に進み本格的に系統立てられた学習を始めるにあたり、「どれくらい、『学びたい』につながる好奇心・探究心を持っているか」ということを試す方法として、「世の中のできごとに関心を持っているか」を試そうとしているのではないでしょうか。

またそこには、これからの社会をつくっていく子どもたちだからこそ、世の中のできごとを知り、できごとについて考えてほしいという願いもこめられているのではないでしょうか。

時事問題は、どのように入試に出るの？

入試に出る「ニュース・時事問題」には、大きく分けて２種類があります。

ひとつは、「前年の重要なニュース（できごと）」。たとえば、「昨年○月に、□□山で噴火がおこり、△名が被災した」「昨年○月から、□□制度がスタートした」というようなできごとのこと。

もうひとつは、「現代社会の大きな変化、現代社会がかかえる課題」。たとえば、「現在、少子高齢化がじわじわと進んでいる」というような状況のこと。

また、「ニュース・時事問題」の出題形式も、大きく２種類に分けられます。

ひとつは、「前年の重要なできごとについての知識を問うもの」。たとえば、できごとのおきた場所や新しい制度の名前などを問うものですが、こうしたものの出題は、じつはそれほど多くはありません。

もうひとつは、「総合問題の切り口として、できごとが用いられるもの」です。できごとの知識を問う問題に続いて、できごとのおきた場所の地形・産業などの特徴や、新しい制度が導入された背景、制度に関連する歴史などを問う問題が並び、結局は、日ごろ学校や塾で学んでいる地理・歴史・政治分野の内容が、そのできごととのつながりの中で問われるという形式です。そして、中学入試の時事問題の出題は、こうしたものが全体の80％以上をしめています。

検定教科書では扱っていないこと、小学生にとっては複雑で難解なこと、思想や信条にかかわることなどは入試では取り上げにくいものです。そういうこともあり、上記のように「おもに社会科の学習内容について問う問題の中で、関連する最新のできごとについても問う」という形式が多いのでしょう。最近では「できごとの骨子をまとめた文章を読ませたうえで、受験生の意見を問う問題」なども増えており、学校はいろいろに工夫をして、ニュース・時事問題を出題しています。

本書の20～41ページには、実際の入試での出題例を掲載してあるので、どんなできごとからどんな設問が作られるのかを確認しておきましょう。

時事問題は、どのように学習すればいいの？

まず、ふだんから世の中の動きに目を向け、新聞やテレビのニュースで伝えられるできごとが、日ごろ学習していることと、どのように関連しているのかを意識することです。

入試に出る「ニュース・時事問題」のテーマは、ある程度限られています。この本では、日能研の長年にわたる入試問題分析をもとに、「エネルギー」「安全保障」など入試によく出る20の時事問題テーマを選び出してあります。新聞やテレビのニュースで、これらのテーマに関するできごとを見聞きしたときにはおさえておきましょう。

時事問題の学習には、家庭でのお父さん、お母さんとの会話がたいへん有効です。断片的な「ニュース」を、子ども自身がこれまで経験し学習してきたことと結びつけて整理できるよう、大人も共に関心を持ち、かかわってあげることがとても重要なのです。

子ども向けの新聞やニュース番組が、子どもだけでなく大人にとってもわかりやすくおもしろいのは、最新のニュースから一歩引いたところで、そのニュースとなったできごとをとらえるための「テーマ」を示し、テーマ全体の流れや、テーマの中での個々のできごとの関係を大づかみに整理してくれるからでしょう。家庭でも、たとえば「原子力発電所が再稼働した」というニュースについて話をするときには、「エネルギー」という大きなテーマの中で話すことが有効です。

「エネルギー資源が少ない日本」
「放射能の危険性から、原発がすべて停止される」
「しかし、化石燃料の輸入で貿易赤字はふくらむ」
「再生可能エネルギーもまだ十分な電力ではない」

といった話をいっしょにしてみましょう。子どもの知識が少なかったりかたよったりしていても頭ごなしに否定してはいけません。関連する知識や別な視点を示してあげることが大切で、ときにはいっしょに調べてみるのもいいでしょう。これによって子どもの時事問題への関心の度合いはまちがいなく変わってきます。

本書の４～13ページには、話題になったできごととそれに関する「問い」が載せてあります。答えがひとつに決められない問いばかりです。まず、この問いについて親子で考え話し合うことから始めてみるとよいでしょう。

また、ニュースについて話すことは、もうひとつ大きなメリットがあります。時事問題は人びとの意見を引き出しやすい題材です。ニュースを見聞きして、子どもが、

「なぜ、こんなことがおこるんだろう？」
「自分ならこうしたらいいと思うんだけど」
「自分にできることはないかな？」

と考えて自分の意見を持つことは、学習全体への大きなモチベーションとなっていくはずです。

「最新のニュース」から　一歩引いて「テーマ」を整理　いっしょに考えよう

貿易(ぼうえき)の問題 1

「関税(かんぜい)をなくそう」という経済(けいざい)協定、TPPは2018年、アメリカをのぞく11か国が署名(しょめい)し、発効(はっこう)しました。私(わたし)たちの食卓(しょくたく)にどんな影響(えいきょう)があるのかな？

スーパーの売り場には外国産の牛肉などがたくさんならぶようになりました。

エネルギーの問題 2

日本は今、日本に合うエネルギー源(げん)をさがしています。再生可能(さいせいかのう)エネルギーが期待されているけれど、それってどんなものなのかな？

再生可能エネルギーの主力電源化をめざす「エネルギー基本計画」にもとづき、全国各地に太陽光発電所が建設(けんせつ)されています。

フォトアルバム
のぞいてみよう
現代社会

交通の問題 3

なるべくサービスを省いて料金を安くした格安航空会社（LCC）がふえています。乗り物に期待することってなんだろう？

成田空港では、日本だけでなくアジア各国のLCCが増加しています。

経済の問題 4

経済活動によって、社会、わたしたちのくらしは成り立っています。みんながお金を使えない状況になったらどうなるのかな？

閉店のお知らせ
「歌舞伎と共に今に伝える江戸の味」を信念に、百五十二年、多くのお客様にご愛顧いただきましたが、諸般の事情により四月二十日を以て、閉店いたしました。
長きに渡りご愛顧賜り誠にありがとうございました。
歌舞伎座前 木挽町 辨松

2020年は新型コロナウイルス感染症拡大防止のための休業措置などにより、多くのお店が利益を上げられず、閉店するお店もありました。

食料の問題 5

日本の食料自給率は世界の国ぐにの中でも、かなり低くなっています。農産物だけでなく、近年は漁獲量もへって国産の価格が上昇。このままでは国産品を食べられなくなってしまうかも？

2021年、さんまの水揚げ量は過去最低となり、高い値段で取り引きされました。

少子高齢化の問題 6

日本はお年寄りが元気な国です。一方で子どもの数はへっています。社会はどんなふうに変化してきたのかな？

低速電動バスは、運転免許を返納した高齢者の「足」となることが期待されています。

ウイルスは飛沫や接触により感染します。お店や公共交通機関などでは感染対策として頻繁に消毒作業を行う必要がありました。

感染症の問題 7

2020年、新型コロナウイルス感染症がパンデミック（世界的大流行）の状態に。経済や生活への影響など、具体的にあげられるかな？

情報化社会の問題 8

今、世の中には情報があふれています。インターネットを使えばはなれている人ともつながることができる時代です。こうした情報や技術を正しく使うために気をつけるべきことはなんだろう？

小学校でもパソコンを使った学習が始まりました。オンラインなら外国にいる講師の先生と英語で話すこともできます。

災害の問題 9

毎年、大規模な自然災害が日本列島をおそい続けています。被害を最低限におさえて、みんなの命を守るにはどんな方法があるのかな？

2020年７月には熊本県人吉市で、記録的な大雨により球磨川が氾濫。市街地が浸水し、たくさんの犠牲者が出ました。

奈良県明日香村の高松塚古墳にある国宝壁画は移動して修復作業が行われました。

国や地方、あるいは個人でも、文化財を保護するためにお金や時間をかけます。なぜ古いものを大切にし、伝えていくことが必要なのかな？

文化財保護の問題 12

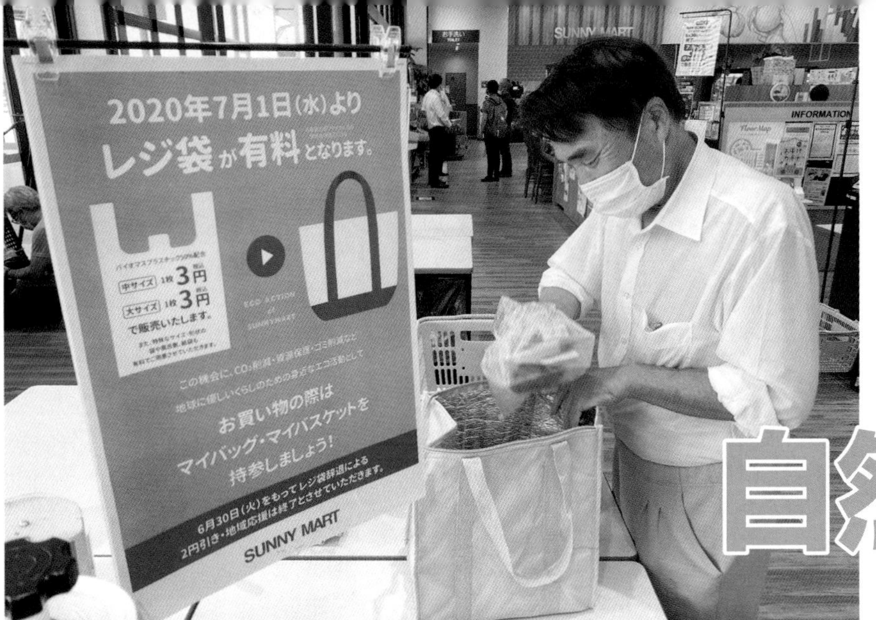

スーパーなどでプラスチック製のレジ袋が有料化されたことで、マイバッグを持って買い物をする人がふえました。

自然破壊の問題 10

海に流れ出たプラスチックごみにより、生き物がけがをしたり、あやまって食べてしまったりすることがあります。ごみをへらすために、私たちは何ができるかな？

氷の上で狩りをするホッキョクグマ。温暖化で氷が溶け、えさが取れなくなることで、2100年までに絶滅するだろうといわれています。

地球環境の問題 11

地球温暖化の対策について話し合う国際会議がたびたび開かれています。開発と環境保護を両立させるにはどうしたらいいのかな？

政治の問題 13

国民が選挙で選んだ人びとで構成されるのが国会です。みんな、政治に参加しているという意識を持てているのかな？

国会では、国会議員が集まって、法律案について話し合われます。参議院と衆議院の両方で、法律にしていいと決まると法律が成立します。

地方自治の問題 16

大阪市では「大阪都構想」案について二度の住民投票を行いましたが、市民の反対により政令指定都市として残ることになりました。なぜ反対したのかな？

「都構想」反対の声をあげる大阪市民。

裁判の問題 14

裁判所ではそれぞれの権利を守るために、法律にもとづいて争いごとを解決します。日本の裁判のしくみはどうなっているのかな？

ふるさと納税をめぐる裁判で、大阪府泉佐野市のうったえは認められました。（最高裁小法廷）

鉄道会社の職員が増税にともなって変更された運賃表をはり替えています。

財政の問題 15

2019年に消費税率が10%に引き上げられ、軽減税率制度が導入されました。なぜ消費税が上がるのかな？

安全保障の問題 17

自衛隊の海外への派遣については反対の声をあげる人もたくさんいます。自衛隊の仕事って何なのかな？

中東を航行する船の安全確保のために派遣された護衛艦「たかなみ」、そして海上自衛隊の隊員たち。

18 国際紛争と軍縮の問題

2020年、核兵器禁止条約に同意した国が50か国となり発効しました。しかし唯一の被爆国である日本は参加していません。どうしてなのかな？

北朝鮮の軍事パレードには新型大陸間弾道ミサイル（ICBM）が登場しました。

まわりの国との問題 19

日本は近年、周辺の国ぐにとは文化や経済面でよい関係にある一方で、領土問題や歴史問題などをかかえています。国と国が、もっとわかり合うことはできないのかな？

朝鮮半島も緊張状態にあります。2018年の南北首脳会談の「板門店宣言」にもとづき、融和の象徴として開設された南北共同事務所が、2020年北朝鮮に爆破されました。

国際化の問題 20

国際社会共通の目標としてかかげられたSDGs17のゴール。私たちが今できることと結びつけて考えることが大切です。

SUSTAINABLE DEVELOPMENT GOALS

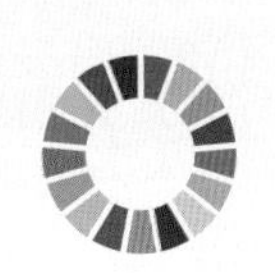

国連 持続可能な開発目標 17のゴールのアイコン

小学5年生からの時事問題

まず、お父さん、お母さんに読んでいただきたいページ

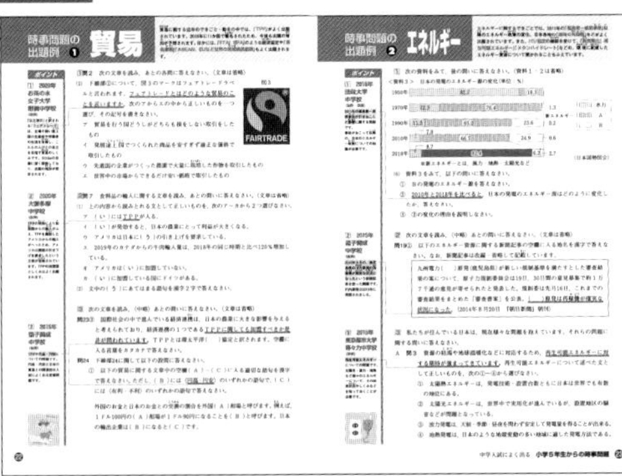

●中学入試での時事問題の出題例

本書は、入試によく出題される時事問題をいくつかのテーマに分け、とくに出題の多い20のテーマについて、ていねいに解説したものです。

このページでは「ニュース・時事問題」の実際の入試での出題例をピックアップし、解説しています。入試ではどんなテーマのニュースがどのように出題されるのかをつかみ、ふだん、こうしたテーマのニュースを見聞きしたときはおさえておきましょう。

小学生に読んでほしいページ

●入試によく出る20の時事問題テーマを「３ステップ」で学びます。

現代を知る！ 20テーマ

感覚でつかめる写真

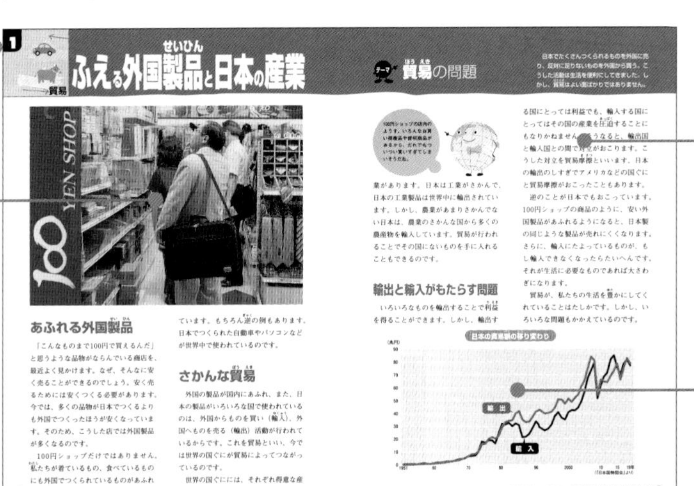

ポイントを解説

その章のテーマとふだんの生活とのかかわりのお話です。すいすい読めてよくわかります。

図で理解する

本文のポイントを具体的に表したグラフやながれ図で、見てわかり感覚的につかめます。

このテーマの問題点は

「現代社会において、このテーマがなぜ重要なのか」「このテーマはどういうシステムになっていて、どういう問題点があるのか」ということをやさしく解説しています。

の活用のしかた

ニュースがわかる！

2 テーマに関するおもなできごと

そのテーマの歴史を解説しています。現在では「あたりまえ」と思っていることが、最初はどうだったのか？　すこし前には？と興味がわき、テーマへの理解が深まります。

1 ふえる外国製品と日本の産業
貿易
テーマに関するおもなできごと
大昔から世界の国ぐにを結んできた貿易
貿易に関するおもなできごと
1ドル＝360円の時代
輸出のしすぎがまねいた貿易摩擦
さかんな国際生産
中学入試によく出る　小学5年生からの時事問題

文章で歴史をたどる

その章のテーマと人間とのかかわりについての、歴史的なお話です。

年表で理解する

キーとなるできごとの年表です。本文と合わせて見るとながれがよくわかります。

できごとコラム

おさえておきたい重要なできごとを簡潔に解説しています。

3 入試によく出る時事キーワード

中学入試でよく出題される「時事問題用語」を解説しています。5年生では理解できなくてもだいじょうぶ。でも、入試までにはおおまかにどういうことかわかるようにしておきましょう。

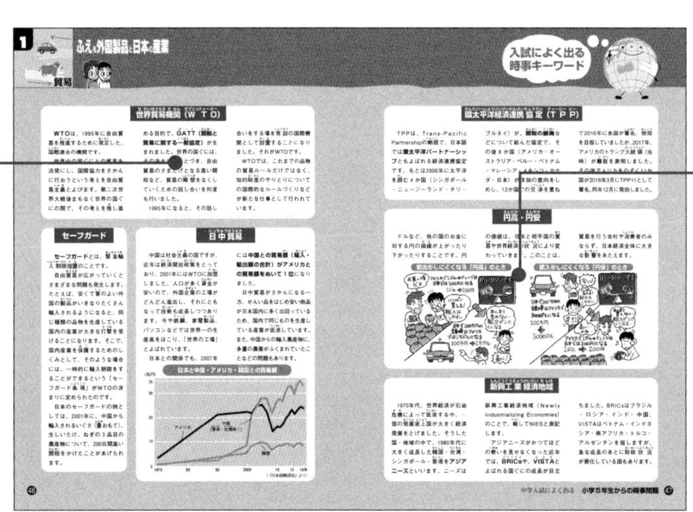
1 ふえる外国製品と日本の産業
貿易
入試によく出る時事キーワード
世界貿易機関（WTO）
環太平洋経済連携協定（TPP）
セーフガード
日中貿易
円高・円安
日本と中国・アメリカ・韓国との貿易額
新興工業経済地域
中学入試によく出る　小学5年生からの時事問題

キーワードの意味とポイント

ことばの意味やしくみ、関係する重要なできごとを解説しています。わからないところはお父さんお母さんに聞いてみましょう。ニュースを読んだり見たりするのがとても楽しくなります。

図で理解する

写真、地図、グラフ、イラスト図解などが理解を助けます。

中学入試によく出る 小学5年生からの時事問題

もくじ

巻頭カラー

まず、お父さん、お母さんが確認しよう

中学入試に

よく出る20のテーマ

まず、お父さん、お母さんが確認しよう

中学入試での時事問題の出題例

ここでは、実際の中学入試での「ニュース・時事問題」の出題例を、本書の20の時事問題テーマに分けてあげています。これからの入試に役立つように、なるべく近年の入試問題の中から抜粋しています。

●「前年のできごと」はもちろん、「節目の年」にも要注意

出題形式にはさまざまなものがありますが、入試の前年におこったあるニュース(できごと)を切り口(導入)とした文章があり、次にその文章をもとにした設問が続いていくという形式が一般的です。

切り口となるのは、「前年のできごと」だけではありません。そもそも、少子高齢化の問題や、キャッシュレスやSNSの普及というような「現代社会の大きな変化」こそが「時事問題」ですから、それが切り口となったり設問になったりもします。たとえば、「第二次世界大戦から○十年目の年」であるというような社会性の強いできごとからの節目の年であれば、翌年の入試では、そういった切り口をもつ問題が多く出題されています。

自分の周囲のせまい範囲のことだけでなく、世の中のニュースや問題、過去の歴史などにも広く関心をもってほしいという学校の期待が、入試問題にあらわれているのです。

●「知識」と「自分」を関係づける問題もふえている

では、実際にどのような内容が問われているのでしょうか。設問を分析してみると、「できごとそのものの知識を問うもの」「できごとに関連した時事的な知識を問うもの」「ふつうの社会科の知識を問うもの」などに分けられることがわかります。割合としては、やはり地理や歴史といった、「ふつうの社会科の知識を問うもの」が多いのですが、「できごと」と社会科の知識をからめて考えをまとめるような設問が増えてきています。

●大切にしたいのは「なぜ」「どのように」という視点

ところで、だれしも「前年のできごと」には目が向き、塾や家庭でも話題になるので対策もしやすいのですが、実のところ、「そのできごとに関連する何年か前のできごと」について問うといった設問がやっかいです。大人が常識として知っていることがらでも、お子さんにとっては初めてふれる情報であることが多いからです。ですから、時事問題について学ぶときには「おこったできごとだけでなく、その発端や背景をふくめて理解する」という姿勢でのぞむことが大切なのです。

解答例

❶ 貿易 (問題はP.22)

1 問2⑵イ

2 問7⑴ア・オ　⑵関税

3 問23③パートナーシップ　問24①A為替　B円高　C不利

❷ エネルギー (問題はP.23)

1 ⑹①原子力　②原子力発電の割合が減り，火力発電の割合が増えた。③東日本大震災による福島第一原発事故を受け，原発の安全性に問題があるとされ，全国の多くの原発が稼働停止したから。

2 問19②川内

3 問3④

❸ 交通 (問題はP.24)

1 問25あ○　いモーダルシフト　うパリ協定　え○

❹ 経済　(問題はP.25)

1　問16スマートフォンや交通系ICカードなど電子マネーでの支払いが増えたから。

2　問17ア　問18日本を含む先進国の中央銀行が発行し，その価値を認めているから。

❺ 食料　(問題はP.26)

1　問1トレーサビリティ　問4牛肉　問5消費者庁　問6イ　問7地産地消　問9フードマイレージ　問11国の管理下におかれ，政府が決定していた。問13減反政策

❻ 少子高齢化　(問題はP.27)

1　問2い　問5あ　問6い

❼ 感染症　(問題はP.28)

1　問1カ　問6(内容・方法)[例]朝礼の時間に，石けんをよく泡立て，時間をかけて手を洗うよう呼びかける。など　(企画理由・工夫のポイント)[例]資料を見ると，手洗い指導を行うことが効果的であることがわかるから。など

❽ 情報化社会　(問題はP.29)

1　問7⑴(病気や異常を)見落としてしまう　⑵AIは情報を累積し確率に基づき行動を選択するため，予想外のできごとへの対応が不得意であるが，人間は何もないところから創造することや考えることが得意であるから。

❾ 災害　(問題はP.30)

1　1イ・オ

2　⑹(なぜ)災害の記録や記憶を残す。(活用)学校で行ってみて学ぶ。地域の地図にのせる。など

❿ 自然破壊　(問題はP.31)

1　問3⑵①ア　②ウ　③イ　④イ　⑤ウ　問4X東京都　Y神奈川県　Z鹿児島県　問5Xイ　Yア　Zウ

⓫ 地球環境　(問題はP.32)

1　問2　1エ　2ア　問3　1エ　2オ　3イ　問4Aオ　Bア　Cイ

⓬ 文化財保護　(問題はP.33)

1　問1　1土偶　2打製　3高床倉庫　問2⑴㈤・㈲　⑵三内丸山(遺跡)　問5A

⓭ 政治　(問題はP.34)

1　⑹バリアフリー

2　問4…1　問5…4

⓮ 裁判　(問題はP.35)

1　問5…1　問6なりたい　(理由)社会を構成する者の一人として，司法制度に積極的に関わりたいから。[なりたくない　(理由)量刑が重い事件の場合，人を裁くことに精神的な負担を感じるから。]

⓯ 財政　(問題はP.36)

1　〔問1〕軽減(税率)　〔問2〕3(%)　〔問4〕ア

⓰ 地方自治　(問題はP.37)

1　2あ

2　問10F神奈川県知事　G神奈川県議会議員　H鎌倉市長　I鎌倉市議会議員　問11エ

⓱ 安全保障　(問題はP.38)

1　問9⑶まわりに住宅などが多く，事故の危険性や騒音の問題があるから。

⓲ 国際紛争と軍縮　(問題はP.39)

1　問1ウ

⓳ まわりの国　(問題はP.40)

1　問1⑶エ

2　④国際連合　⑤経済特区　Dえ　Eあ

⓴ 国際化　(問題はP.41)

1　問7X先進国　Y発展途上国

2　問5イ

時事問題の出題例 ❶ 貿易

貿易に関する近年のできごと・動きの中では、「TPP」がよく出題されています。2018年に11か国で署名されたため、今後も出題の増加が予想されます。ほかには、「FTA」「EPA」のような経済協定や「貿易摩擦」「ASEAN、EUなど世界の地域経済組織」もよく出題されます。

ポイント

1 2020年 お茶の水女子大学附属中学校（抜粋）

「公正取引」と訳される「フェアトレード」は、立場の弱い途上国の生産者や労働者の生活を改善し、これらの人びとの自立を目指す貿易のしくみです。SDGsの目標に深く関係しており、出題の増加が想定されます。

1 問２　次の文章を読み，あとの各問に答えなさい。〈文章は省略〉

(2)　下線部②について，図３のマークはフェアトレードラベルと言われます。フェアトレードとはどのような貿易のことを言いますか。次のアからエの中から正しいものを一つ選び，その記号を書きなさい。

図３

FAIRTRADE

ア　貿易を行う国どうしがどちらも損をしない取引をしたもの

イ　発展途上国でつくられた商品を安すぎず適正な価格で取引したもの

ウ　先進国の企業がつくった農園で大量に栽培した作物を取引したもの

エ　世界中の市場からできるだけ安い価格で取引したもの

2 2020年 大妻多摩中学校（抜粋）

TPPの発効により加盟国からの輸入がふえ、TPPを離脱したアメリカからの輸入がへったため、アメリカは関税の引き下げを要求したという文章が省略されています。TPPの加盟国としくみはよく出題されます。

2 問７　食料品の輸入に関する文章を読み，あとの問いに答えなさい。(文章は省略)

(1)　上の内容から読みとれる文として正しいものを，次のア～カから２つ選びなさい。

ア　（ い ）にはＴＰＰが入る。

イ　（ い ）が発効すると，日本の農業にとって利益が大きくなる。

ウ　アメリカは日本に（ う ）の引き上げを要求している。

エ　2019年のカナダからの牛肉輸入量は，2018年の同じ時期と比べ120％増加している。

オ　アメリカは（ い ）に加盟していない。

カ　（ い ）に加盟している国にドイツがある。

(2)　文中の（ う ）にあてはまる語句を漢字２字で答えなさい。

3 2015年 逗子開成中学校（抜粋）

TPPや円高・円安についての問題です。円高・円安と日本の貿易との関連性は入試によく出る定番問題です。

3　次の文章を読み，〈中略〉あとの問いに答えなさい。〈文章は省略〉

問23③　国際社会の中で進んでいる経済連携は，日本の農業に大きな影響を与えると考えられており，経済連携の１つであるＴＰＰに関しても加盟すべきか是非が問われています。ＴＰＰとは環太平洋（　　）協定と訳されます。空欄に入る言葉をカタカナで答えなさい。

問24　下線部24に関して以下の設問に答えなさい。

①　以下の貿易に関する文章中の空欄（ A ）～（ C ）に入る適切な語句を漢字で答えなさい。ただし，（ B ）には〈円高・円安〉のいずれかの語句で，（ C ）には〈有利・不利〉のいずれかの語句で答えなさい。

外国のお金と日本のお金との交換の割合を外国（ A ）相場と呼びます。例えば，１ドル100円の（ A ）相場が１ドル90円になることを（ B ）と呼びます。日本の輸出企業は（ B ）になると（ C ）です。

時事問題の出題例 ❷ エネルギー

エネルギーに関するできごとでは、2011年の「福島第一原発事故」以降のエネルギー政策の変化、日本各地の「原発の再稼働」などがよく出題されています。また、パリ協定の締結を受けて、「脱炭素化」「再生可能エネルギー」「メタンハイドレート」などの、環境に配慮したエネルギー資源について聞かれることもふえています。

ポイント

1 2015年 法政大学中学校
（抜粋・改題）
2011年の福島第一原発事故が引きおこした影響に関する問題です。
事故がおこって以降の、日本のエネルギー政策についての知識が必要です。

1 次の資料をみて，後の問いに答えなさい。〈資料１・２は省略〉

＜資料３＞ 日本の発電のエネルギー源の変化（単位：％）

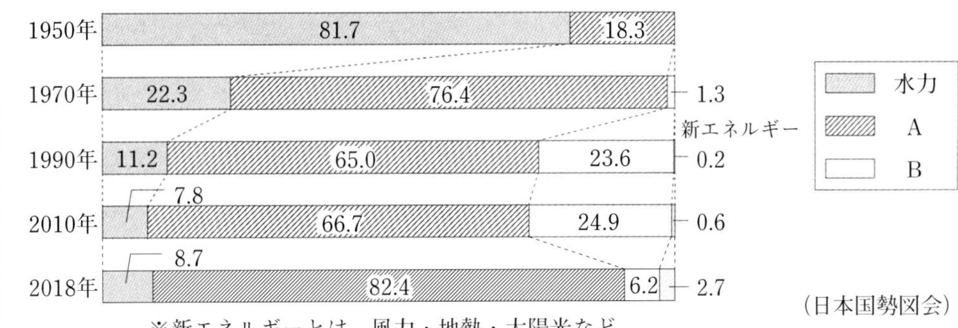

（日本国勢図会）

※新エネルギーとは，風力・地熱・太陽光など

(6) 資料３をみて，以下の問いに答えなさい。

① Ｂの発電のエネルギー源を答えなさい。

② 2010年と2018年を比べると，日本の発電のエネルギー源はどのように変化したか，答えなさい。

③ ②の変化の理由を説明しなさい。

2 2015年 逗子開成中学校
（抜粋）
2014年８月の、鹿児島県の川内原発の再稼働が確実な状況になったという新聞記事を使った問題です。川内原発は2015年に再開されました。

2 次の文章を読み，〈中略〉あとの問いに答えなさい。〈文章は省略〉

問19② 以下のエネルギー資源に関する新聞記事の空欄に入る地名を漢字で答えなさい。なお，新聞記事は改編・省略して記載しています。

> 九州電力（　　）原発（鹿児島県）が新しい規制基準を満たすとした審査結果の案について，原子力規制委員会は19日，30日間の意見募集で約１万７千通の意見が寄せられたと発表した。規制委は先月16日，これまでの審査結果をまとめた「審査書案」を公表。（　　）原発は再稼働が確実な状況になった。（2014年８月20日 『朝日新聞』朝刊）

3 2015年 東京都市大学等々力中学校
（抜粋）
再生可能エネルギーについての問題です。太陽光・波力・地熱など個々のエネルギーについて、その利用状況やしくみなどを知っておくことが必要です。

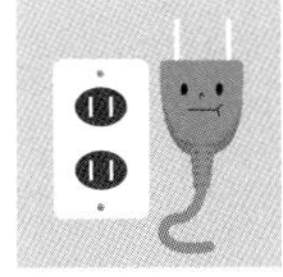

3 私たちが住んでいる日本は，現在様々な問題を抱えています。それらの問題に関する問いに答えなさい。

Ａ 問３ 資源の枯渇や地球温暖化などに対応するため，再生可能エネルギーに対する期待が強まってきています。再生可能エネルギーについて述べた文として正しいものを，次の①～④から選びなさい。

① 太陽熱エネルギーは，発電技術・設置台数ともに日本は世界でも有数の地位にある。

② 太陽光エネルギーは，世界中で実用化が進んでいるが，設置地区の騒音などが問題となっている。

③ 波力発電は，天候・季節・昼夜を問わず安定して発電量を得ることが出来る。

④ 地熱発電は，日本のような地殻変動の多い地域に適した発電方法である。

時事問題の出題例 ❸

近年は「新幹線の延伸」や「リニア中央新幹線」が話題になる一方、高齢者ドライバーの事故の増加が社会問題となり、AIを活用した自動運転システムに関する問題なども見られるようになりました。「パーク・アンド・ライド」「エコカー」など環境と結びついた事例の出題もふえています。

ポイント

1 2019年 桜蔭中学校（抜粋）

「交通の定番問題」として、歴史的な観点から各時代の交通の発達の特徴を問う問題があります。ここでも、明治から令和までの交通とくらしとのかかわりが出題されています。

最近は、かつての経済活動と便利さ優先から、環境にも配慮した「持続可能な社会」実現へと、視点が変化しつつあります。また、新型コロナウイルス感染症による、鉄道や航空などの公共交通機関や物流などへの影響を問う問題もふえると予想されます。

1 次の【ａ】【ｂ】【ｃ】の文を読んで，各問いに答えなさい。(【ａ】【ｂ】は省略)

【ｃ】 明治時代以降は近代化が急速に進められ，鉄道は文明開化の象徴的存在となり，蒸気船とともに，富国強兵にも欠かせないものとなりました。2012年に東京駅丸の内駅舎が復元され，現在の私たちは㉒1914年に建築された当時の美しい姿を見ることができます。堂々とした洋風建築に，当時の人々の鉄道への期待が感じられます。

関東大震災後には，自動車の数が増え，乗り合いバスやトラックなどによる輸送もさかんになり，それまでの交通手段を圧倒していきました。このころになると定期航空路も開設されました。ドイツのアウトバーンをモデルに自動車道路も計画されましたが，㉓満州事変以降の戦争の混乱の中で実現しませんでした。

第二次世界大戦後，日本に来た外国人は日本の道路事情の悪さに驚いたそうですが，道路の復旧や改良は急速に進められました。1964年10月の東京オリンピック開催に向けて，高速道路や新幹線の建設，羽田空港と東京モノレールの整備，主要道路の建設と㉔舗装が実施されます。トラック，バス，乗用車など㉕自動車保有台数は急増しました。高速で大量に人やものを輸送することが可能になると，国内の経済活動は活発化し，外国との貿易や交流も拡大しました。㉖港湾や空港の整備がさらに進みました。

㉗昨年は，自然災害のために，しばしば交通が混乱しました。交通が社会に与える影響の大きさを改めて実感する機会となりました。交通網の充実が現在の経済の発展や快適な生活を支えているといっても過言ではありません。現在，㉘持続可能な社会を実現する新しい交通手段や交通の仕組みが求められています。私たちをとりかこむ物流，通信システムは大きな変革期を迎えています。

問25 下線部㉘について述べた次の あ～え の文中の下線部が正しい場合には○を，誤っている場合には適切な語句を答えなさい。

あ 東京都は二酸化炭素排出量を減らす燃料電池自動車を普及させるために，水素ステーションの整備を積極的に支援している。

い 日本では二酸化炭素排出量削減のための取り組みの１つとして，長距離貨物輸送の主な部分をトラックから，船舶や鉄道利用に切りかえるエコドライブを進めている。

う 2015年の国連気候変動枠組条約第21回締約国会議（ＣＯＰ21）で採択された京都議定書順守のために，フランスは2040年までに国内におけるガソリン車の販売を禁止するとしている。

え 東京都は二酸化炭素を排出しない移動手段である自転車を有効に活用するために，自転車を簡単に借りることができ，借りた場所とは異なる場所に返すことができる自転車シェアリングサービスを行っている。

時事問題の出題例 ❹ 経済

政府の「経済政策」や「通貨」、「為替」に関する問題が定番ですが、近年の社会の大きな変化にともない、「ICカード・電子マネー・クレジットカードなどのキャッシュレス決済」「仮想通貨」などの問題がふえる傾向にあります。

ポイント

1 2020年 富士見中学校
(抜粋)
硬貨の発行枚数がへる原因をキャッシュレス決済の増加に関連づけて考える問題です。

2 2019年 サレジオ学院中学校
(抜粋)
現金を持ち歩く必要のないキャッシュレス決済は便利ですが、一方で情報の流出などの危険性も指摘されています。また仮想通貨には、中央銀行のような保証機関がないため、価値が不安定です。それでも世界中でキャッシュレス化が進むなか、生活に直結したテーマとして、キャッシュレス化の長所や短所を考えさせる問題が目立ちます。

1 次の文章を読んで，あとの問いに答えなさい。〈文章は省略〉

問16 下線部⑯について，右の表は2014年から2018年までの１円玉の発行枚数をしめしています。2014年から2018年にかけ，発行枚数が減っているのは，消費者の支払い方法に大きな変化が生じたからだといわれています。消費者の支払い方法にどのような変化がありましたか。簡単に説明しなさい。

年	発行枚数
2014	124,013,000
2015	82,004,000
2016	574,000
2017	477,000
2018	440,000

財務省ＨＰより作成

2 次の文章を読んで，あとの問いに答えなさい。

お金は私たちの毎日の生活の中で，欠かすことのできないものです。そのお金は，いつごろから使われ始めたのでしょうか。(中略)

また，世界でみてみると，日本は円，アメリカはドル，ヨーロッパはユーロというように，国や地域ごとに異なった通貨を使用しており，⑯交換の際には為替レートという交換比率が用いられています。

ところが，このような通貨だけではなく，⑰電子マネーやクレジットカードでの取引，さらに最近では，⑱仮想通貨とよばれるお金まで流通していて，世界が一体化していく中で，お金の形式も大きく変わっていくことが考えられます。

⑲お金が普及したことで世の中が便利になると同時に，世界で貧富の差が広がっていることも事実です。このようなお金と，私たちはこれからどのように向かい合っていくべきなのかを，考えていく必要がありそうです。

問17 文中の下線部⑰について，情報化が進むにしたがって，取引のキャッシュレス化も進んでいます。日本において情報化が進んだことを説明するためには，どのようなデータを示せばよいでしょうか。最も適当なものを，次のア～エから一つ選んで，記号で答えなさい。

ア　インターネット利用者数の変化
イ　現在スマートフォンを持っている中学生の人数
ウ　日本にやってくる外国人の人数の変化
エ　動画サイトにアップされている動画の数

問18 文中の下線部⑱について，仮想通貨の取引が世界的に広がっています。しかし，現実的には，仮想通貨よりも円やドル，ユーロなどの通貨のほうが圧倒的に多く用いられています。これらの通貨が仮想通貨よりも信頼されているからだと考えられます。なぜ，これらの通貨が信頼され，使われるのでしょうか。説明しなさい。

時事問題の出題例 5

食料については、「自給率」「安全性」「食品ロス」をテーマとした問題が多く出題されています。近年の大きなできごとには「TPP」があります。また、日本の主食である「米」については、日本の農政の転換をしめす「減反政策の廃止」やTPPに関係した「輸入自由化と関税」などの問題が取り上げられています。

ポイント

1 2013年 女子学院中学校（抜粋）

2011年7月に、米トレーサビリティ法が施行されたことと、2012に農林水産省が行った調査を切り口とした問題です。これらを切り口として、個々の小設問では、BSE、消費者庁、地産地消、フードマイレージなど比較的近年の動きについて問う問題がならんでいます。後半では、米について、自給率を維持するための取り組みについての問題が見られます。

米トレーサビリティ法は2009年に成立し、「米の取引等にかかわる記録の作成・保存」が2010年に、「産地情報の伝達」が2011年に施行されて、それぞれ義務化されました。

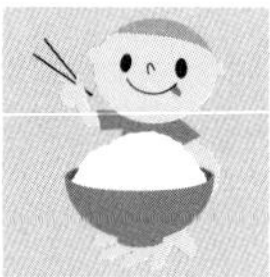

1 2012年7月，農林水産省は，輸入米を使っている外食店が原産地をきちんと表示しているか調査しました。米の輸入業者や卸売業者など流通段階も含めて，適正な表示がされているかどうかを確かめる必要があるからです。こうした①米の原産地表示は，2011年7月施行の「米（ X ）法」で義務付けられました。農薬で汚染された輸入米がさまざまな商品に混入し，学校給食用にも使われてしまったことをきっかけに②品質管理と情報提供をすすめるために導入されました。

国際社会からの要望で，1990年代に日本の米市場が開放されました。1995年度から，日本は米の最低輸入量を毎年受け入れていますが，その後，③関税さえ払えばだれでも自由に米を輸入できるようになりました。近年は加工用だけでなく，回転すしやファミリーレストランなどの外食店でも輸入米は使われるようになってきました。

2010年横浜で開かれた（ Y ）首脳会議でクローズアップされたのが，環太平洋パートナーシップ（TPP）協定でした。国内には，TPPに参加するかしないかさまざまな議論があります。一方で，④地域でとれた作物をその地域の店で販売したり，学校給食に取り入れたりする取り組みを国は積極的に推進しています。国連人口基金は，2011年10月に世界人口が（ Z ）億人を突破したとの推計を発表しましたが，⑤世界の食料問題を考えるとき，⑥地域でとれた旬の作物をその地域で食べることや食べ残しを減らすことなど，私たちの生活を見直す課題が数多くあります。

問1　文中の（ X ）にふさわしい語句をカタカナで書きなさい。

問4　下線①に関連して，農産物や水産物や酪農品の流通段階を含めた原産地表示が，米以外で，最初に法律で義務付けられた食品は何ですか。

問5　下線②に関連して，食品表示のルール整備や商品情報の調査・分析などを通して国民生活の安全を守る国の役所が，2009年9月に発足しました。その名前を書きなさい。

問6　下線③をゼロにすると，日本ではどのようなことが起こりますか。最も適切なものをア～エから1つ選び，記号で答えなさい。

ア　関税は，税金収入の上位を占めるので，財政に大きな影響を与える。
イ　国産の商品が売れにくくなり，国内での生産量が減少傾向になる。
ウ　輸出品が売れにくくなり，日本の企業の収益が減る。
エ　輸入品が高くなり，特に農作物の価格が上がる。

問7　下線④のことを何とよびますか。

問9　食料輸送が環境に与える影響をはかるためのものさしで下線⑥を表すと，その数値は小さくなり，生産地と消費地が遠くなるとその数値は大きくなります。このようなものさしを何といいますか。

問11　米の値段の決定の仕方は，長い間，他の商品とは異なっていました。どのように決められていましたか。

問13　現在，放置されたままの休耕田が問題になっています。農家の後継ぎがいないといったこと以外で，その原因の一つに，政府が行ってきた政策が関係しているといわれます。その政策を何といいますか。

時事問題の出題例 6 少子高齢化

少子高齢化は、現代社会の大きな問題として、必ず出題されるテーマです。毎年発表される「年少人口・労働人口・高齢人口の割合」「出生児数」「合計特殊出生率」などを切り口とする問題も多く見られます。労働人口対策や人材活用の観点から、2015年に「女性活躍推進法」が成立し、こうした動きに関する出題もふえています。

ポイント

1 2015年
浅野中学校
(抜粋・改題)

日本がかかえるさまざまな問題や課題に力を入れて取り組むことによって社会全体の活性化を図ろうという日本政府の政策をテーマとした問題です。
高齢化率のおおよその数字や、高齢社会と社会保障制度の現状、子育てや介護に関する法・制度の整備の現状などに目を向けていないと答えられない問題です。

1 次の文章を読み，後の問に答えなさい。

内閣府が行おうとしている政策の中には，私たちの身近で起きている問題も数多く含まれています。日本では1970年代初めの第二次（ 3 ）の時には出生児数が200万人台でしたが，その後出生児数は低下する傾向にあり，2019年にはおよそ87万人まで低下しました。一方，2019年には65歳以上の高齢者人口が3500万人を超え，総人口に占める割合（高齢化率）はおよそ［　　　］%という(ウ)かつてないほどの高齢化社会になっています。少子化と高齢化の同時進行という現象は，今後活力ある日本社会を実現する上で考えなければならない大きな問題となっています。また，男女がともに働きながら(エ)子育てや介護がしやすい社会をどのように実現するべきかということも課題の一つでしょう。これらの課題は政府の取り組むべき課題であると同時に地方公共団体の課題でもあります。

問２ ［　　　］に入る数字としてもっとも適切なものを，次のあ～えの中から１つ選び，その記号で答えなさい。

あ 18　い 28　う 38　え 48

問５ 下線部(ウ)について――。

かつてないほどの高齢化社会にともなって現れた動きとしてもっとも適切なものを，次のあ～えの中から１つ選び，その記号で答えなさい。

あ 高齢者に対する国の医療費負担が増加したため，様々な視点から医療費を減らす方法が考えられている。

い 会社を定年退職した後仕事を持たない高齢者が増加したため，国民年金の未納者の割合も増加している。

う 高齢者に対する年金給付額が増加したため，業績のよい企業は特別の税金を負担するようになっている。

え 支払った保険料に見合うサービスの提供が見込めないため，年金制度を廃止することが検討されている。

問６ 下線部(エ)について――。

子育てや介護がしやすい社会の実現に向けて，政府や地方公共団体が行ってきた取り組みとしてもっとも適切なものを，次のあ～えの中から１つ選び，その記号で答えなさい。

あ 育児で仕事をやめた女性が，再び正社員として同じ職場で働けるように法律を整備した。

い 育児や介護のために，必要に応じて仕事を休むことができる育児・介護休業の制度を実現した。

う 保育児童施設や介護施設の拡充を行い，入所を希望する人がほぼ全員入所できるようにした。

え 細かく分かれていた高齢者に対する介護認定制度をやめ，希望する介護サービスを受けやすくした。

時事問題の出題例 ❼ 感染症

2020年は、「新型コロナウイルス感染症によるパンデミック」に世界中が翻弄された年でした。感染症の流行はこれまでも人類の歴史に大きな影響をあたえています。「3密」「ロックダウン」「緊急事態宣言」など、各地の感染対策や経済活動に関する問題はもとより、感染症の視点から過去や未来を考える問題がふえそうです。

ポイント

1 2020年 国学院大学久我山中学校
(抜粋)

ここではインフルエンザを取り上げていますが、新型コロナウイルス感染症でも有効とされた、「手洗い」に関する問題が出題されています。誌面の都合上省略していますが、洗浄効果の実験結果や、男女別の調査結果などが資料でしめされています。

一人ひとりの行動がどのように感染症予防に結びつくのかを考えさせる問題です。

1 以下の会話は，K先生と生徒との会話です。それを読んで問いに答えなさい。(図と資料は省略)

K先生： 今週から久我山中学校でもインフルエンザが流行してきました。みなさん，いつも以上に手洗いを心がけて，インフルエンザを予防しましょう。

Aさん： いつも以上って……，どのくらいでしょうか。

K先生： いつもしっかり洗っている人はいつも通りでよいのですが……。①みなさんはどのようなタイミングで手洗いをしているのですか。(中略)

K先生： 手洗いは手のひらだけでなく，手の甲や指，爪の間，手首まで洗う必要があるので，石けんの種類に限らず水を一度止めて時間をかけて洗うことが大切です。さらに，きめ細かい泡を立てると，界面活性剤という汚れを包みこんで落とす働きを持つ成分の効果がより高くなるので，手洗いをする時は石けんを十分に泡立てることが大切です。Aさんは1回の手洗いにあまり時間をかけていないのではないですか。

Aさん： 言われてみれば……寒い時期は指先を水でぬらしているだけかもしれません。

K先生： それでは意味がないのではないですか。なんだかとても心配になってきました。

Bさん： K先生，心配しないでください。⑤私は保健委員ですので，どのようにすれば私たちが効果的な手洗いを習慣化できるか，考えてみたいと思います。

問1 下線部①に関連して，資料1を見ると，男性よりも女性の方が手洗い回数が多いことが分かります。資料2のA，B，Cはそれぞれ，「食事の前」，「ご飯を作る時」，「トイレの後」に手を洗っている人の割合を示しています。その組み合わせとしてふさわしいものを選び，記号で答えなさい。

	A	B	C
ア	A：食事の前	B：ご飯を作る時	C：トイレの後
イ	A：食事の前	B：トイレの後	C：ご飯を作る時
ウ	A：ご飯を作る時	B：食事の前	C：トイレの後
エ	A：ご飯を作る時	B：トイレの後	C：食事の前
オ	A：トイレの後	B：食事の前	C：ご飯を作る時
カ	A：トイレの後	B：ご飯を作る時	C：食事の前

問6 下線部⑤に関連して，あなたがもし保健委員だったとしたら，小学校低学年の児童たちに感染症予防に効果的な手洗いを実践してもらうために，どのような取り組みをしますか。次の資料5，資料6を参考に，取り組みの内容・方法や企画理由・工夫のポイントを考えて，次の表(略)に合うようにそれぞれ文章で答えなさい。

時事問題の出題例 8 情報化社会

「働き方改革」や「パンデミック」により、ITを活用した「リモートワーク」や「オンライン授業」などが広まり、これらを切り口にした問題が見られました。また、「SNS」「AI」など情報技術に関する用語や、「メディアリテラシー」「プライバシーの権利」「デジタルデバイド」など情報技術にともなう課題も問われています。

ポイント

1 2020年 鷗友学園中学校 (抜粋)

高齢社会にからめて、AI技術を取り上げた問題です。さまざまな分野で利用が進み、これからの社会には不可欠となる技術で、「ビッグデータ」「ディープラーニング」「シンギュラリティ」などの新しい用語も、たびたび問われています。

1 次の文章を読み，問いに答えなさい。(資料は省略)

高齢者人口の増加に伴い高齢者を対象にした医療や食品，ファッションなどの商品が登場しています。商品の(a)市場では売り手や買い手の行動のほか，天候や社会情勢，国際情勢なども価格に影響を与えます。今後，高齢者を対象にした市場は拡大していくでしょう。こうした中，高齢者を狙った(b)訪問販売による被害も増えています。被害を防ぐには，(c)法律の制定も必要ですが，高齢者が安心して暮らせる社会になっていくことが望まれます。これからの日本は，人口減少社会です。(d)将来への不安を減らすことや人手不足対策は政治の役割の一つです。人手不足対策として，最近では，【資料15】のような無人のセルフレジを置くお店も増えてきています。

また，ＡＩ(人工知能)技術が「人手不足を解消する」と期待されています。ＡＩによる自動運転の技術が注目される一方，海外ではＡＩを活用した配車サービスにより仕事が奪われることを心配したタクシー運転手が，ストライキを起こしたというニュースもあります。

ＡＩの登場は第４次産業革命ともいわれ，(e)政治や経済に大きな影響を与えると考えられています。これまでも，(f)日本国憲法制定時には規定されていませんでしたが，社会や経済の進展に伴い，新たに主張されるようになった権利があります。(g)ＡＩが普及し，社会に変化が起こると，新たな権利の保障が必要になってくるかもしれません。

問７　下線部(g)について。人間はＡＩとどう向きあっていけばよいのでしょうか。以下の文章を読んで，問いに答えなさい。

> ＡＩとは，膨大なデータをもとにコンピュータが状況に応じて自ら判断をする最先端の技術です。私たちの身近なところでも既に実用化が進んでいます。例えば医療の現場です。病気や異常がないかを見つけるため，膨大な数の画像診断をすることがあります。この作業を人間が行うと，どうしても［　　　　］ということが起こり得るので，ＡＩを利用することで，高い成果を上げている例もあります。
>
> このようにＡＩが人間に取って代わることがありうる，といわれています。

(1)　文中の［　　　　］にあてはまる内容を答えなさい。

(2)　「シンギュラリティ」という言葉があります。ＡＩが人間の知能を超えるとされる転換点のことです。この到来を2045年と予想している人もいる一方で，「シンギュラリティ」は起こらないという人もいます。

「シンギュラリティ」は起こらないと考える人は，なぜ，そのように考えるのでしょうか。ＡＩにとって不得意であり，人間にとって得意だと思われることに触れながら，答えなさい。

時事問題の出題例 9 災害

日本では大規模な災害が頻発していますが、やはり前年の災害が入試にはよく出る傾向があります。地震や火山の噴火、毎年の台風や豪雨など、被害状況や地名は必ずおさえておきましょう。「ハザードマップ」「ゲリラ豪雨」「特別警報」などの用語もよく問われています。災害ではないものの、「最高気温更新」もよく出ています。

ポイント

1 2020年 筑波大学附属駒場中学校（抜粋）

河川の浸水や洪水、土砂災害、地震、火山、津波など災害の種類によって異なるハザードマップがつくられています。防災学習でもよく取り上げられるので、入試での出題もふえています。

1 つぎの文を読んで，あとの1から7までの各問いに答えなさい。(文章は省略)

1 自然災害に関連してのべた文として正しいものを，つぎのアからオまでの中から二つ選び，その記号を書きなさい。

ア 元号が「昭和」から「平成」にかわった年に起こった阪神・淡路大震災では，戦後初めて災害救助のために自衛隊が派遣された。

イ 自然災害による被害が想定されるエリアや避難する場所などを表示した地図を防災マップ(ハザードマップ)といい，自治体のほか，防災学習として授業で作成する学校もある。

ウ 水防用の土砂などを備えておくほか，災害発生時には復旧基地にもなる砂防ダムの整備がすすんでいる。

エ 各都道府県では，地震が発生して大きな揺れが到達する数分前に，緊急地震速報を出して，すばやい避難ができるようにしている。

オ 首都圏外郭放水路とは，洪水を防ぐために建設された巨大な地下放水路である。

2 2020年 神奈川学園中学校（抜粋）

東北地方の太平洋側は、2011年の東日本大震災で津波による甚大な被害を受けた地域です。冷害にみまわれやすい気候や津波がおきやすい海岸線など、地理的な特徴があり、よく出題されます。

2 「地域の違い」に関する以下の文章を読み，各問いに答えなさい。

(前略) さて，今回は「東北地方」と「北陸地方」について比べてみます。まずは図1(略)をご覧ください。図1は東北・北陸地方の地図に，県庁所在地の位置を記入したものになります。これらの地域では，a太平洋側と日本海側の都市を比較する事で，気候の違いがよくわかります。例えば(あ)。このような気候を作っている大きな要因として，東北地方の(A)や，北陸地方の(B)の存在があげられます。

さて，これら地域では稲作を中心としたX農業が盛んですが，一方で農作物に被害が出るような自然災害も発生します。例えば，太平洋側で夏に海から陸へ(C)が吹く事で発生する冷害などは，発生する地域に傾向があり，農業に被害が出やすい自然災害といえます。

また，地形的な特徴も大切です。東北地方の太平洋側には，Yリアス海岸と呼ばれる，漁港を設置したり，養殖漁業を行うのに適した地形が存在しています。一方で，Zリアス海岸は地震などの際に，津波の被害が大きくなりやすいという特徴もあります。この地方の人々は，こうした地形の特徴の両面を理解しながら，活用してきました。

(6) 下線部Zについて，今年(2020年)から国土地理院は右のような，「自然災害伝承碑」の地図記号を新しく設定しました。今後，日本各地にある災害に関する伝承碑や慰霊碑などを調査して，地図に載せていく事が決まっています。

これについて，なぜ国土地理院はこのような地図記号を設置したと思いますか。また，あなたがこの地図記号を活用するとしたら，どのように活用したいか，あなたの考えを述べて下さい。

時事問題の出題例 ⑩ 自然破壊

近年は、「循環型社会」「生物多様性(保護)」などをテーマとした問題が多くなっています。用語としては「3R」「ラムサール条約」などがよく問われます。また、日本の「世界(自然)遺産」「国立公園」などで大きな動きがあったときにはこれを切り口とした問題がよく出題されます。近年では日本の「ジオパーク」を切り口とした問題もふえています。

ポイント

1 2018年 東京純心女子中学校
(抜粋)

X・Y・Zの文章は、環境アセスメント、ナショナル・トラスト、世界自然遺産に関するもので、いずれも自然環境を守ることがテーマです。自然環境の保全は、SDGs(持続可能な開発)の大きなテーマであり、入試でもさまざまな切り口で出題されています。3Rは循環型社会をつくっていくための3つの取り組みの頭文字を取った活動です。学校でも積極的に取り組んでいるテーマのため、身近な話題としてよく出題されています。

1 以下のX・Y・Zの文を読み，あとの問いに答えなさい。

X 「日本の台所」とも呼ばれる（ あ ）市場は，老朽化を理由に2016年に豊洲に移転する予定だったが，(a)知事は(b)「安全性が確認できない」として移転を延期した。また，移転が完了したとして，（ あ ）市場跡地の再開発が始まるのはそれから更に4～5年後であると見込まれている。すぐに取りかかることができない理由の一つとして，土壌の調査や埋蔵文化財の調査に加えて，再開発の工事を行うにあたり，周辺の自然環境に与える影響を事前に調査して結果を公表しなければならないからである。その調査結果によっては，地域住民の意見を聞きながら工事の悪影響を防ぐ対策を行ったり，代わりの案を作ったりなどの作業も必要になり，その場合は工事が更に遅れる可能性もある。

Y 国内外から多くの観光客が訪れる(c)この地。そのシンボル的な存在の鶴岡八幡宮の裏山に，(d)高度経済成長期を迎えていた(e)1964年，宅地開発の計画が起こった。それに反対した住民たちが土地を買い取り，歴史的景観を守ろうと運動を展開し，計画を中止させることに成功した。この運動はもともと1890年代のイギリスで始められ，その後世界各地に広まり，日本ではこの地で最初に行われた。その後北海道の知床や和歌山県の天神崎でも同様の運動が起こり，市民たちが募金を集めて土地を買い取り，自然を守ることに成功している。

Z 樹齢7000年と言われる縄文杉で有名な屋久島は，1993年に(f)世界自然遺産に登録された。また，その美しい自然を守るために，ゴミをできるだけ減らし，資源を有効に活用することによって地球環境への影響を最小限にすることを目指す取り組みが行われている。具体的には，(g)資源ゴミの処理を徹底して行い，再資源化をすすめる，電気自動車を積極的に導入する，家庭から出る生ゴミを肥料にするための処理機を普及させる，などの試みが行われている。

問3(2) 下線(g)に関連して。次の①～⑤は以下のア～ウのうちどれにあてはまりますか。それぞれ記号で答えなさい。

① 過剰なラッピングをあらかじめ断る。
② 地域のルールに従って資源ゴミを出す。
③ いらなくなったものをフリーマーケットに出品する。
④ 壊れたものを修理してできるだけ長く使う。
⑤ ペットボトルを加工して服の原料にする。

ア リデュース　イ リユース　ウ リサイクル

問4 X・Y・Zの文はそれぞれどこの都道府県のことですか。答えなさい。なお，Yは下線(c)のある都道府県を答えなさい。

問5 X・Y・Zの文中，二重下線部に最も関係のあるキーワードは，次のア～ウのうちどれですか。それぞれ記号で答えなさい。

ア ナショナル・トラスト　イ 環境アセスメント　ウ 循環型社会

時事問題の出題例 ⑪ 地球環境

近年は、とくに「地球温暖化」に対する取り組みがよく出題されています。また、「リオ＋20」などの地球環境に関する大規模な国際会議が開催されたとき、「COP(気候変動枠組条約締約国会議)」で大きな成果があったときには、過去にさかのぼって、「環境への取り組み(おもな会議や条約など)」についての問題を出題するというパターンが多いです。

ポイント

1 2020年 成蹊中学校 (抜粋)

1997年のCOP3で採択された京都議定書、2015年のCOP21で採択されたパリ協定がよく出題されます。ここでは、京都議定書では先進国のみだった削減対象が、パリ協定ではすべての参加国となったこと、またいったん批准したアメリカが2019年に離脱を通告したことなどが問われています。

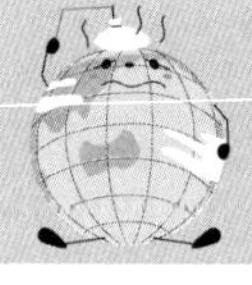

1 次の文章を読み，設問に答えなさい。

世界の科学者は，二酸化炭素のような温室効果ガスの排出が増えることで，大きな気候変動がおきる怖れがあると警告しています。その対策を考えるため，国際連合で「気候変動枠組み条約締約国会議」(ＣＯＰ)が1995年から毎年開かれています。

問２　ＣＯＰには，気候変動枠組み条約を結んだ日本も参加しています。日本が国際条約を結ぶとき，それを承認するのは国会の役目です。国会について定める日本国憲法の次の条文の（ １ ）と（ ２ ）に適切な語を，語群ア)～オ)から選びなさい。

> 第四一条　国会は，（ １ ）の最高機関であつて，国の唯一の（ ２ ）機関である。

<語群>　ア)　立法　　イ)　行政　　ウ)　日本　　エ)　国権　　オ)　政府

問３　地球規模の気候変動は，人間社会にどんな影響をもたらすでしょうか。次の自然の変化１)～３)が進むことで，予想できる人間社会へのマイナスの影響を，ア)～オ)から一つずつ選びなさい。

１)　二酸化炭素が海に溶け込んで酸性化する。
２)　乾燥地域で干ばつが増える。
３)　極地の陸地にある氷河や氷床が解けて海面が上昇する。

ア)　紫外線によって皮膚がんや白内障の患者が増える。
イ)　沿岸地域の高潮の被害が増える。
ウ)　化学物質で汚染された食品により健康被害が増える。
エ)　生態系の変化により，漁業や観光業に打撃がある。
オ)　水源をめぐって地域や国家間の緊張や対立が高まる。

問４　ＣＯＰの議論の場で，先進国と途上国では立場が異なるため，意見がぶつかることも多いです。以下はそれぞれの代表的な意見です。（ Ａ ）～（ Ｃ ）に最もあてはまる国や地域を，表１(省略)を参考にしてア)～オ)から一つずつ選びなさい。

途上国の主張　「これまで温暖化をひきおこした責任は先進国にある。（ Ａ ）にはこれから経済成長する権利がある。」

先進国の主張　「これまで途上国と扱われていても，（ Ｂ ）のように急速に経済発展できた国は，先進国と同じ役割を果たすべきだ。」

途上国の主張　「我々も対策に努めているのに，豊かでエネルギー消費量の高い生活をしている（ Ｃ ）が，温暖化対策の国際ルール『パリ協定』から抜けると発表したことはとても残念だ。」

ア)　中国　　イ)　アメリカ　　ウ)　日本　　エ)　ドイツ
オ)　アフリカ各国

時事問題の出題例 ⑫ 文化財保護

近年は、「世界(文化)遺産」に日本の遺産が毎年のように登録されていますが、これは入試問題の切り口としてひじょうによく使われています。また、世界遺産を運営するユネスコがかかわる「無形文化遺産」「世界記憶遺産(世界の記憶)」なども出題がふえています(日本の遺産が登録された場合)。

ポイント

1 2019年 立教池袋中学校

(抜粋)

文化財には種類があり、遺跡の多くは埋蔵文化財とよばれるものです。今でもたくさんの場所で遺跡の発掘が行われ、新しい発見が報告されています。

遺構や遺物からはその時代の人びとのくらしや考え、自然環境などさまざまな情報を得ることができます。

ここではA～Cの文章から旧石器時代・縄文時代・弥生時代の遺跡の特徴を読み取り、それぞれの時代に関する詳細な知識が問われています。

1 A～Cの文章を読んで，以下の問に答えなさい。なお，a～eはあとの地図(省略)中の遺跡を示します。

A：　この時代の人々の生活は，貝類や木の実，サケ・マス，中小動物などを主に食べて生活していたことがわかっている。また，彼らは，小さな集団を形成して暮らしていたとみられる。人々は子孫の繁栄や病気の回復，収穫を祈る際に女性をかたどった(1)を使用していたと考えられている。①aには大型の住居や掘立柱のあとがあり，この時代の遺跡としては最大規模のものである。

B：　この時代の人々は，石を打ち砕いてつくった(2)石器を利用して，食料となる大型動物を追って生活していた。太平洋戦争後，相沢忠洋によってbで(2)石器が発見されたことや，cの大規模な発掘調査によって，当時のようすが明らかになってきている。②cでは，その湖底などから大型動物の化石が発掘され，人々が狩りをした獲物を解体する場所であったと考えられている。

C：　この時代には，③大陸から伝わった稲作が，北九州から西日本，さらには東北地方にまで広がった。人々は水田や水路をつくり，すきやくわで田を耕し，石包丁で稲穂を収穫するなど，栽培によって食料を手に入れるようになった。収穫した米は，(3)という建物に保管された。このような人々の生活のようすは，④d，eなどの遺跡の調査によって明らかとなり，食料が安定したことで人口も増え，大きなムラも形成された。

問1　文章中の(1)～(3)にあてはまることばを漢字で答えなさい。

問2　Aについて，

(1)　この時代の一般的な説明としてあてはまるものを2つ選んで，記号で答えなさい。

(ア)　集落のあとには，人々が調理場としていた貝塚がよくみられる。

(イ)　土器が用いられるようになり，食料の長期保存が可能となり，定住化が進んだ。

(ウ)　自然を崇拝する儀式の中で，銅剣や銅鏡が使用されていたと考えられる。

(エ)　死者は屈葬という形でほうむられ，死者の再生などの願いが込められていたと考えられる。

(オ)　狩りのために弓矢が使用されるようになり，矢じりには鉄が使用された。

(カ)　食料は平等にわけあって，貧富の差や身分のちがいはない社会だったとされる。

(2)　下線①のaの遺跡の名前を漢字で答えなさい。

問5　A～Cを時代順にならびかえたとき，2番目になるものはどれですか。1つ選んで，記号で答えなさい。

時事問題の出題例 13 政治

政治は社会科の三分野の中でも、とくに時事問題(ニュース)とからめて出題されることが多い分野です。「政権交代、首相の交代」「省庁の変化」「国政選挙(衆院選・参院選など)」などが切り口になります。2015年には「選挙権を18歳以上に引き下げる」という大改革があったので、選挙についての問題がふえています。

ポイント

1 2020年 専修大学松戸中学校 (抜粋)

参議院議員選挙により選出された、「比例代表特定枠」での当選議員に関する問題です。この選挙から導入されたこの制度については問われてはいませんが、この2議員が当選したことで、今後出題がふえそうです。

2 2020年 慶應義塾湘南藤沢中等部 (抜粋)

参政権は、人びとが直接あるいは代表を通じて、政治に参加する権利です。ここでは歴史の知識と表から読み取った情報をつなげて考える力が問われています。2015年の選挙権年齢引き下げはもとより、変更されていない被選挙権年齢や2022年の成年年齢改正の内容などの出題がふえています。

1 次の文を読んで，あとの問いに答えなさい。

2019年7月21日，第25回参議院議員通常選挙が行われた。(後略)

(6) 今回の選挙について述べた次の文中の[　　　]にあてはまる語句を，カタカナ6字で答えなさい。

> 今回の選挙では，重度の障がいのある候補者2名が当選したことにより，国会議員が車いすに乗ったまま登院できるようにしたり，介助者が議場に同席できるようにしたりするなど，これまであまり注目されていなかった国会の[　　　]化が，一歩前進することになりました。

2 次の文を読み，問いに答えなさい。

参政権には選挙をする権利(選挙権)と(ア)選挙をされる権利(被選挙権)がありますが，選挙権は日本が近代国家として出発した明治維新の頃から，下の表のように人びとの権利として徐々に拡大しています。(表は「詳説日本史　改訂版」「第六十八回日本統計年鑑」「総務省　目で見る投票率」より作成)

表　選挙権の拡大

	選挙実施年	人口(千人)	人口に占める有権者の割合(%)
1	1890	39,902	1.1
2	1920	55,473	5.5
3	1928	62,595	20.8
4	1946	75,750	50.4
5	2013	127,414	81.7
6	2016	126,933	83.7

問4 表の3と4の選挙を比べたときに，有権者の割合が大幅に増えた理由として，もっとも適当なものを選び，番号で答えなさい。

1 選挙権年齢が引き下げられ，女性にも選挙権が与えられたから。

2 有権者として納めるべき直接国税の額が減ったから。

3 有権者の条件がゆるやかになり，満25歳以上の男子に選挙権が与えられたから。

4 戦争が終わり，来日するようになった外国人にも選挙権が与えられたから。

問5 表の5と6の選挙を比べたときに，人口が減っているにもかかわらず有権者数が増えた理由として，もっとも適当なものを選び，番号で答えなさい。

1 政治に関心を示す若者が増えたから。

2 インターネットでの投票が認められるようになったから。

3 期日前投票が広く利用されるようになったから。

4 選挙権年齢が引き下げられたから。

時事問題の出題例 ⑭ 裁判

「裁判員制度」は、2009年のスタート前からかなり入試に出ています。現在では小学校の教科書にも載っているためか、かなり細かいことまで問われています。近年では「冤罪」「再審」などのニュースが切り口として取り上げられることもありますが、裁判の内容にふれることはほとんどなく、問われるのは制度のしくみが中心です。

ポイント

1　2020年 普連土学園中学校
（抜粋）

2009年にスタートした裁判員制度をテーマにした問題です。裁判員制度開始から10年がたち、制度の知識とともに裁判員としての義務や責任についても問われています。

1　日本の裁判制度について書かれた次の文章を読んで，あとの問いに答えなさい。

日本では，三審制が採用されています。三審制とは，裁判の判決に不服の時に，（ ① ）の裁判所に訴えて，３回まで裁判を受けることの出来るしくみです。

裁判には，人と人との私的な争いを裁く〈 a 〉裁判と，罪を犯した疑いのある人を裁く〈 b 〉裁判とがあります。（中略）

裁判の迅速化や，国民に開かれた裁判を目指すための司法制度改革の一環として，2009年にイ裁判員制度が導入されました。この制度は，社会経験の豊かな一般市民が裁判官と共に裁判に携わることで一般常識にかなった判断がなされ，裁判に対する国民の関心が増し，裁判に対する社会の信頼がより得られることを期待して設けられました。裁判員制度によって，〈 b 〉事件の第一審では，国民の中から抽選で選ばれた６名の裁判員が，３名の裁判官とともに事件を審理するようになりました。

裁判員制度によって，司法に対する国民の関心は高まったと言えるでしょう。国民は，社会を構成する者としての役割を担うことになり，社会常識と大きく異なるような判決を防ぐことができ，裁判制度に対する人々の信頼が得られます。また，それまで難しそうだと考えられて，なかなか関心を持たれなかった裁判への親近感がわきます。また，ふだんは違う仕事についている国民が裁判員になることによって，裁判の日数や時間が短縮され，それにともなって費用も少なくて済むようになります。さらに，国民が裁判に参加することで，裁判の判決に世論が反映されるとも言われています。

しかし，裁判員制度には，問題点も指摘されています。例えば，裁判員となる国民は，裁判の期間中仕事をすることが出来ません。裁判で人を裁くことに精神的負担を感じる人もいるでしょう。また，裁判員には，裁判終了後も，裁判の過程などを他の人に話してはいけないという義務も課されています。さらに，一般の国民は裁判官に比べてマスメディアの報道の内容によって事件を判断してしまう可能性が高くなると言われています。そのために，無実の人を有罪にしてしまう，いわゆるえん罪をひきおこす危険性も考えられます。

問５　文中の下線部イについて，裁判員は，裁判官とともに事件を審理し，多数決で，有罪か無罪か，および量刑を決めます。裁判員と裁判官の意見の重みについて，**誤っているもの**を次の文から１つ選び，番号で答えなさい。

1　有罪か無罪かを決めるときに，全裁判員が有罪，全裁判官が無罪という考えなら，有罪になる。
2　有罪か無罪かを決めるときに，裁判員４名と裁判官１名が有罪という考えなら，有罪になる。
3　有罪の場合の量刑に関する裁判員の意見は，裁判官の意見と同じ重みを持つ。

問６　本文を参考にして考えてください。あなたは裁判員になりたいですか。なりたいか，なりたくないか，のいずれかを選んで，その理由を具体的に述べなさい。

財政

2019年に「消費税」の増税が行われ、増税を切り口とした税に関する問題がたいへん多くなっています。この増税で導入された「軽減税率」のしくみや、新型コロナ対策支援制度の各種「給付金」など、また国の借金である「国債（公債）」や「年金制度」など、財政に関する問題がふえる傾向があります。

ポイント

1 2020年 芝中学校（抜粋）

2019年10月から、食品などをのぞき、消費税が10%に引き上げられたことを切り口とした問題です。今回の増税は、低所得者層の負担をへらすために軽減税率が導入されたため、それについて問う問題がたくさん出題されました。ここではさらに目的と使い道について、深く考えさせています。

1　次の文章を読んで，あとの設問に答えなさい。

昨年（2019年）の10月1日から$_1$消費税が引き上げられました。［ ① ］税率を導入したことによって$_2$一部の商品は８％にとどまっていますが，多くの商品で10％になり，税収が増えることが期待されています。一方で，二つの税率が混在して混乱が生じたことや，増税によって消費の冷え込みが心配されることなどマイナス面も指摘されています。

そもそも消費税は1989年に初めて導入され，税率は［ ② ］％でした。当初は消費税を課すことへの国民の反対もあったようですが，消費税は［ X ］などのメリットがあることが理由となり導入されました。その後も国の財政赤字を解消することなども目的となり，税率は上昇し続けて，導入から30年の年月をかけて現在の10％にまで引き上げられてきました。

$_3$政府は，今回の増税で得た税収を社会保障関係費にあてるとして使い道を示しています。日本は1970年代中頃から出生率の低下がはじまり，高齢者の割合が高くなってきました。現在では総人口にしめる65歳以上の高齢者の割合は約［ ③ ］％となり，$_4$公的年金制度の維持など高齢者をめぐる政策は課題に直面しています。$_5$国債の発行によって財政収支のバランスをとることは将来世代への負担を強いることにもなりますから，現在を生きる我々が納める税金でなるべくまかなわなければならないということなのです。

現在の財政状況を考えると，これからさらに消費税の税率が上がることが考えられます。実際に海外では日本よりも高い税率を課している国も多くあるため，税率アップの余地は十分に残されています。しかし，最初に述べたように消費税は文字通り消費に直結する税金であり，増税することで購買意欲が低下し，$_6$経済の不況を引き起こすおそれもあるので，慎重に見極めていかなければなりません。

税金を集め，使い道を決めていくという財政の役割はとても大切なことです。とくに社会保障に関する内容は世代間の意見の相違もみられます。芝中学校，芝高等学校での６年間で一般社会のことを様々な角度から勉強することで自分なりの意見を持ち，行動できる人物になってもらいたいと思います。

〔問１〕　文中の空欄［ ① ］に適することばを漢字２字でいれなさい。

〔問２〕　文中の空欄［ ② ］に適する数字をいれなさい。

〔問４〕　文中の空欄［ X ］に当てはまらないものを次のア～エから一つ選び，記号で答えなさい。

ア　誰に対しても税率は同じなので低所得者にとって負担感がない

イ　商品の購入時に課されるので，支払いを忘れることがない

ウ　累進課税方式をとる税よりも不況時の大幅な税収減がない

エ　退職した高齢者からも徴収できるので世代間の不公平感がない

時事問題の出題例 16 地方自治

2005年の「平成の大合併」の前後には、市町村合併に関する出題が目を引きました。そのほかには「統一地方選挙」や大きな話題をよぶ「住民投票」などがあると、これを切り口とした地方自治の問題がふえる傾向があります。近年では、「沖縄の辺野古米軍基地建設」や「大阪都構想」の賛否を問う住民投票が多く出題されました。

ポイント

1 2020年 湘南白百合学園中学校
(抜粋)
国が制定する「法律」に対して、地方自治体が制定する「条例」を切り口として、地方自治体の長である知事や地方議会のしくみがよく問われています。地方自治特有の制度と意味を理解しているかどうかがポイントです。

1 次の【一】～【五】の文は，2019年に起きた出来事について書かれたものです。それぞれの文中の下線部について，1～5の問いに答えなさい。(中略)

【二】

> 2019年3月15日，神奈川県議会が「神奈川県自転車の安全で適正な利用の促進に関する条例」を可決したことを受け，黒岩知事は22日この条例を公布しました。この条例は県内で自転車がらみの事故が増加していたため，これを改善する目的で制定されたものです。この条例は2019年10月に施行されました。

2 「県議会」「知事」に関する次の各文より正しいものを1つ選び，記号で答えなさい。

あ　Eさんは，ちょうど20歳の誕生日の日に行われた県議会議員選挙へ投票に行った。

い　県議会は，F知事が出した解散命令に対して不服であったため，不信任の議決を行い，知事をやめさせた。

う　県議会議員のGさんは，議会から指名された結果，知事となった。

え　県議会議員のHさんは，翌年1月に始まる新年度の予算案を通過させなければならなかったため，12月中はとてもいそがしかった。

2 2018年 栄光学園中学校
(抜粋)
大日本帝国憲法と日本国憲法のちがいのひとつは、地方自治体にさまざまな権限があたえられ、役割分担がなされたことがあります。そのため、権限と役割について問うのは、地方自治をテーマとした場合の定番問題となっています。また、国政ばかりが注目されますが、選挙権年齢の引き下げにより、地方政治で得た選挙権についても、このような形で出題されています。

2 次の文章を読んで，問に答えなさい。

(前略) また，戦後新しく制定された⑧日本国憲法によって，人びとには⑨新たな選挙権があたえられました。さらに日本国憲法のもとでは，それまで国の強い影響下にあった⑩都道府県や市町村に自治が保障され，さまざまな権限があたえられています。

問10　下線部⑨についてのべた次の文章4の(F)～(I)に入る言葉をそれぞれ答えなさい。なお，順番は問いませんが，同じ言葉を答えてはいけません。

文章4

> 現在，神奈川県鎌倉市に住んでいる有権者の栄光太郎さんは，衆議院議員をえらぶ選挙と参議院議員をえらぶ選挙のほかに，(F)をえらぶ選挙，(G)をえらぶ選挙，(H)をえらぶ選挙，(I)をえらぶ選挙の選挙権をあたえられています。

問11　下線部⑩について，日本国憲法のもとで，都道府県や市町村にあたえられている権限の内容をのべた文としてまちがっているものを，次のア～エから1つえらび，記号で答えなさい。

ア　住民から税を集める。

イ　予算案を作成して，使い道を決める。

ウ　条例の制定や改正，廃止をおこなう。

エ　犯罪などの事件の裁判をおこなう。

時事問題の出題例 ⑰ 安全保障

近年の、内閣による「集団的自衛権」をめぐる法解釈の変更や「安全保障関連法」の成立により、安全保障に関する問題がふえました。よく出題されているテーマには、「自衛隊の海外派遣と憲法改正」「米軍基地問題」「北朝鮮の核・ミサイル開発」などがあげられます。

ポイント

1 2019年 駒場東邦中学校
（抜粋）

沖縄県の「辺野古米軍基地建設のための埋立ての賛否を問う」県民投票の結果、反対多数となりましたが、政府は「安全保障は国の責務」であるとして、これを受け入れず、埋立て工事は中止されませんでした。日本に米軍基地が存在するのは「日米安全保障条約」にもとづくものですが、沖縄には全国の基地の70％が集中しています。沖縄の犠牲のもとに成り立つ日本の安全保障という視点で、歴史ともからめ、毎年、多くの学校で米軍基地に関する問題が出題されます。

1 次の文章を読み，設問に答えなさい。〈文章は省略〉

問９(3) 次の図５は，国土地理院発行の５万分の１地形図「沖縄市南部」及び「那覇」の一部を示したものです。

沖縄には，日本国内にあるアメリカ軍の基地や軍事施設のおよそ７割(面積)が集中しています。特に普天間飛行場については大きな問題があります。その理由を図５を見て説明しなさい。

図５

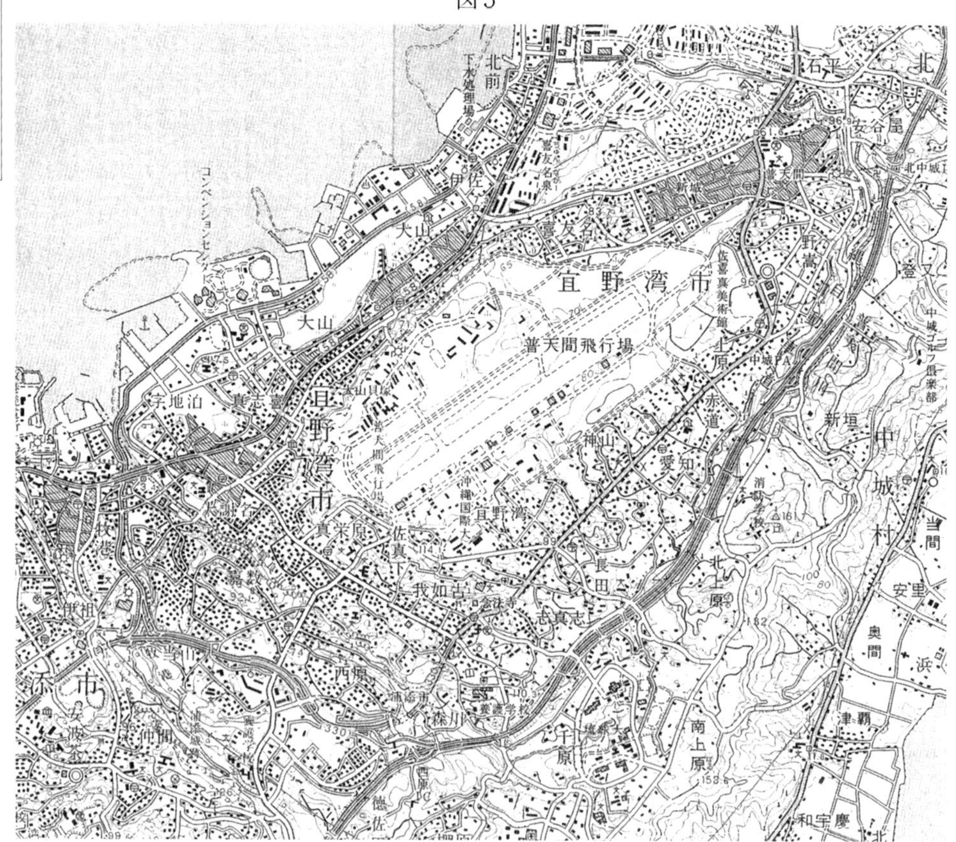

時事問題の出題例 18 国際紛争と軍縮

「朝鮮戦争」勃発から50年をすぎた韓国と北朝鮮の関係や、「パレスチナ」地域の対立、イスラム系過激派による「テロ」などがよく出題されています。また、「核兵器禁止条約」が2021年に発効するため、これを切り口とする出題も大はばにふえそうです。

ポイント

1 2020年 吉祥女子中学校（抜粋）

平和教育の一環として、広島・長崎の原爆投下に関する問題は毎年必ず出題されてきました。2021年の核兵器禁止条約の発効を受けて、ますます注目のテーマとなるでしょう。この問題にもあるように、核軍縮を目指したさまざまな取り組みの内容や歴史的な経緯、課題などとともに問われることが多いようです。

1 次の文章を読んで，後の問いに答えなさい。

第二次世界大戦の末期，1945年８月６日に広島，８月９日に長崎に原子爆弾が投下され，歴史上初めて戦争に①核兵器が使用されました。原爆投下によって多くの人々が亡くなり，今も後遺症に苦しむ人々がいます。原爆の悲惨さを経験した日本は戦後，②日本国憲法を制定して平和主義を誓い，民主的な国家の建設を目指してきました。一方，「自分の国が核兵器を持てば，相手の国が仕返しを恐れて手出しできなくなる」という考え方にもとづき，自国の③安全保障のために大量の核兵器を保有する国が現れました。この考え方を核の抑止力と言いますが，一歩間違えると核戦争が起こってしまう危険性もあり，戦後，世界の平和は非常に危うい均衡の上に成り立ってきたと言えます。

これまでに，④核兵器や核実験を制限するさまざまな条約が採択されてきましたが，これらの条約には多くの問題点が残されており，十分に核軍縮が進んでいるとは言えません。こうした状況を解決するために，2017年７月に⑤国際連合の総会で核兵器禁止条約が採択されました。この条約はＩＣＡＮという ⓐＮＧＯが中心となって推進したもので，核兵器の保有や使用などを禁止する画期的なものでした。日本はアメリカの核の抑止力が必要であるという立場から，この条約に参加しませんでしたが，被爆国である日本がこの条約に参加していないことに対して疑問の声もあがっています。

日本は長年，ⓑ非核三原則を方針としてきましたが，これまでの⑥内閣が示した政府見解の中には「憲法で核兵器を禁止しているわけではないのだから，現行憲法の下でも核兵器を保有することができる」というものもありました。2016年にも，内閣法制局が核兵器の保有について「憲法上，禁止されているとは考えていない」という見解を示しています。また，日本は戦後，原子力の平和利用という考え方の下，エネルギーの安定供給のために原子力発電所を積極的に建設してきました。原発の技術は核兵器に転用できる可能性があるので，そのようなことが起こらないように⑦ＩＡＥＡという組織が監視しています。（後略）

問１ 下線部①に関連して述べた文として**正しくないもの**を次のア～エから一つ選び，記号で答えなさい。

ア　アメリカが水爆実験を行った太平洋のビキニ環礁は，世界遺産に登録されている。

イ　北朝鮮の核問題については，日本・韓国・北朝鮮・中国・アメリカ・ロシアによる６カ国協議が行われてきた。

ウ　包括的核実験禁止条約は，インドとパキスタンが参加を表明したことにより，1998年に発効した。

エ　国際連合の安全保障理事会は，「核のない世界をめざす」という決議を採択している。

時事問題の出題例 19 まわりの国

中国・朝鮮半島の国ぐにと日本との関係についての問題は、入試にたいへん多く出題されていますが、「領土問題」「歴史認識問題」で動きがあったときにはこれを切り口としてとくに出題がふえています。また、「○○条約から50年」というように、「国交を回復した条約」から節目の年をむかえると、これを切り口とした出題がふえる傾向があります。

ポイント

1 2020年 攻玉社中学校（抜粋）

1997年にイギリスから中国に返還された香港の位置を問う問題です。イギリス統治のきっかけとなった清との「アヘン戦争」、返還後の「一国二制度」もよく出題されます。近年、中国政府の圧力が強まり、約束された「高度な自治」がおびやかされています。

2 2020年 桜蔭中学校（抜粋）

ロシア（旧ソ連）と対立する「北方領土」に関しては、このように4島の名称と位置を問う問題がよく出題されます。漢字指定も多いので注意が必要です。

中国とは、沖縄の「尖閣諸島」をめぐって対立しています。

ここでは中国の農業・貿易・民族・人口についての知識が問われています。

1 次の設問に答えなさい。

問1(3) 2019年は香港政府の「逃亡犯条例」改正案をめぐり，大規模なデモなどが起きたことが，たびたびニュースで日本にも伝えられました。これに関連して，香港の位置として正しいものを地図中の記号ア～エの中から１つ選び，記号で答えなさい。

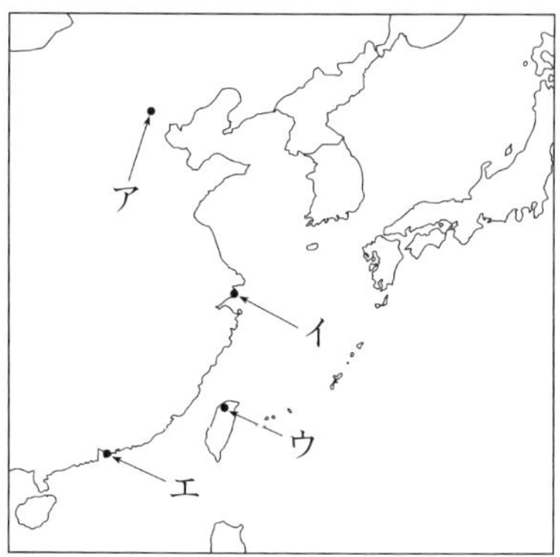

2 次の①～⑤の各文の空欄［ 4 ］・［ 5 ］に適する語句をそれぞれ答えなさい。（中略）さらに空欄【 D 】・【 E 】に適するものをそれぞれの選択肢より１つずつ選び，記号で答えなさい。

④ 日本は1956年にソ連と日ソ共同宣言を結び，国交を回復した。日ソ共同宣言には，ソ連が日本の［ 4 ］への加盟を支持すると書かれており，日本は同年，念願の［ 4 ］加盟を果たした。また日ソ共同宣言には，日本とソ連が将来，平和条約を結べば，ソ連は右の地図中の あ～え のうち，【 D 】を引き渡すと書かれている。

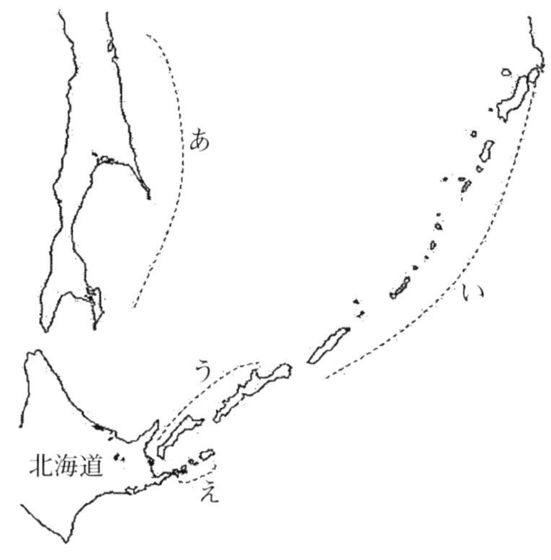

⑤ 中華人民共和国は，1978年から改革・開放政策を打ち出し，独自の経済発展の道を歩み出した。特にシェンチェン（深圳）など沿岸部に［ 5 ］と呼ばれる区域を設けて，外国の企業の進出を認め，大きく経済発展をとげた。中華人民共和国に関する記述として誤っている文は，【 E 】である。

【 E 】
- あ　中華人民共和国では地域ごとにさまざまな料理があり，北部では米を使った料理が，南部では小麦を使った料理がよく食べられる。
- い　中華人民共和国は，日本にとって最大の貿易相手国である。
- う　中華人民共和国には，漢民族のほかに，50以上の少数民族が住んでいる。
- え　中華人民共和国は人口増加を抑えるために一人っ子政策をとっていたが，現在ではやめている。

時事問題の出題例 20 国際化

国際協力・国際社会というテーマでは、「国際連合」や、「オリンピック」などの大きな国際大会が切り口になることが多いです。国連関連では、2015年に採択された「SDGs(持続可能な開発目標)」が、さまざまな分野で出題されています。ほかには、新型コロナウイルス関連で「WHO(世界保健機関)」が見られました。

ポイント

1 2020年 清泉女学院中学校
(抜粋)

「SDGs」は、国連での採択以来、全体または17の目標それぞれを切り口として、多くの学校で出題されています。この問題では、2000年の「MDGs」と、それを発展させた2015年の「SDGs」とで参加国にちがいがあることに目を向けています。

1 公民分野について，次の文を読み，あとの問いに答えなさい。〈文章は省略〉

図1

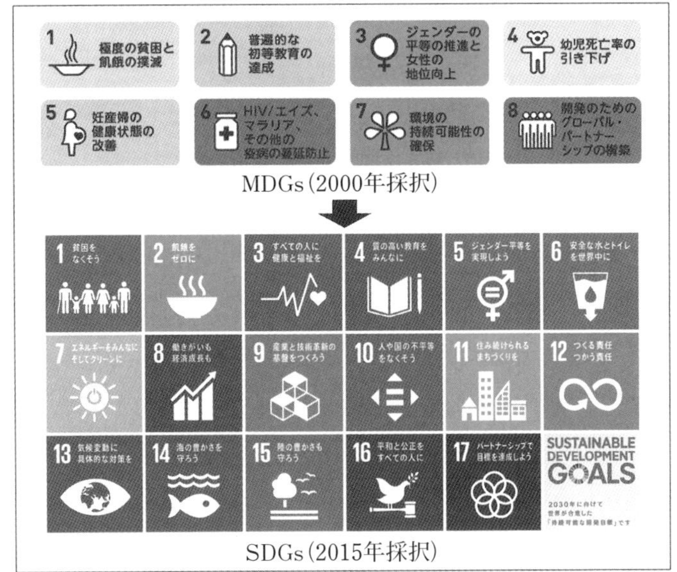

MDGs(2000年採択)

SDGs(2015年採択)

問7 図1は，MＤＧｓとＳＤＧｓの目標です。ＳＤＧｓは，2000年に採択されたＭＤＧｓを継続し発展させたものです。図1を参考にして，次の文章の（ Ｘ ）・（ Ｙ ）にあてはまる言葉を答えなさい。

ＭＤＧｓは，2000年に国連で定められたミレニアム開発目標のことで，2015年までが期限となっていました。ＭＤＧｓは，ある程度の成果が表れましたが，（ Ｘ ）から（ Ｙ ）への一方的な目標設定であったこと，まだ達成に不十分なこともあり，ＳＤＧｓが定められました。ＳＤＧｓでは，（ Ｘ ）と（ Ｙ ）が手を取り合い，「誰も置き去りにしない」がかかげられています。

2 2019年 鷗友学園女子中学校
(抜粋)

「世界を変える17の目標」とは「SDGs」のことで、「国連加盟国全体で取り組む世界共通の目標」であると認識できているかが問われています。

2 次の文章を読み，問いに答えなさい。〈文章は省略〉

問5 下線部(e)に関連して。【資料16】(省略)は，「世界を変えるための17の目標」です。【資料16】を参考にしながら，「世界を変えるための17の目標」について述べた文として誤っているものを次のア～エから1つ選び，記号で答えなさい。

ア これらの目標は，2030年に向けて国際連合が採択したもので，持続可能であることが重要視された目標である。

イ これらの目標は，ヨーロッパやアメリカ合衆国などの先進国が中心となって，発展途上国に向けて出された目標である。

ウ これらの目標の中には，環境問題やエネルギー問題など，さまざまな分野における目標がある。

エ これらの目標の中には，男女の役割を固定することなく，多様な生き方を尊重する社会にしようとする目標がある。

ふえる外国製品(せいひん)と日本の産業

あふれる外国製品(せいひん)

「こんなものまで100円で買えるんだ」と思うような品物がならんでいる商店を、最近よく見かけます。なぜ、そんなに安く売ることができるのでしょう。安く売るためには安くつくる必要があります。今では、多くの品物が日本でつくるよりも外国でつくったほうが安くなっています。そのため、こうした店では外国製品が多くなるのです。

100円ショップだけではありません。私(わたし)たちが着ているもの、食べているものにも外国でつくられているものがあふれています。もちろん逆(ぎゃく)の例もあります。日本でつくられた自動車やパソコンなどが世界中で使われているのです。

さかんな貿易(ぼうえき)

外国の製品が国内にあふれ、また、日本の製品がいろいろな国で使われているのは、外国からものを買い（輸入(ゆにゅう)）、外国へものを売る（輸出）活動が行われているからです。これを貿易といい、今では世界の国ぐにが貿易によってつながっているのです。

世界の国ぐにには、それぞれ得意な産

テーマ

貿易の問題

日本でたくさんつくられるものを外国に売り、反対に足りないものを外国から買う。こうした活動は生活を便利にしてきました。しかし、貿易はよい面ばかりではありません。

100円ショップの店内のようす。いろんなお買い得商品や便利商品があるから、だれでもついつい買いすぎてしまいそうだね。

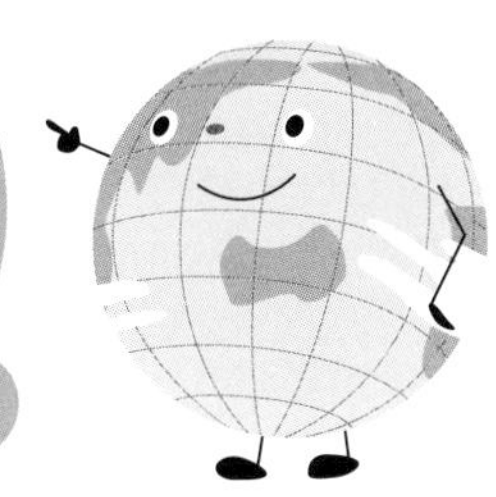

業があります。日本は工業がさかんで、日本の工業製品は世界中に輸出されています。しかし、農業があまりさかんでない日本は、農業のさかんな国から多くの農産物を輸入しています。貿易が行われることでその国にないものを手に入れることもできるのです。

輸出と輸入がもたらす問題

いろいろなものを輸出することで利益を得ることができます。しかし、輸出する国にとっては利益でも、輸入する国にとってはその国の産業を圧迫することにもなりかねません。そうなると、輸出国と輸入国との間で対立がおこります。こうした対立を貿易摩擦といいます。日本の輸出のしすぎでアメリカなどの国ぐにと貿易摩擦がおこったこともあります。

逆のことが日本でもおこっています。100円ショップの商品のように、安い外国製品があふれるようになると、日本製の同じような製品が売れにくくなります。さらに、輸入にたよっているものが、もし輸入できなくなったらたいへんです。それが生活に必要なものであれば大さわぎになります。

貿易が、私たちの生活を豊かにしてくれていることはたしかです。しかし、いろいろな問題もかかえているのです。

日本の貿易額の移り変わり

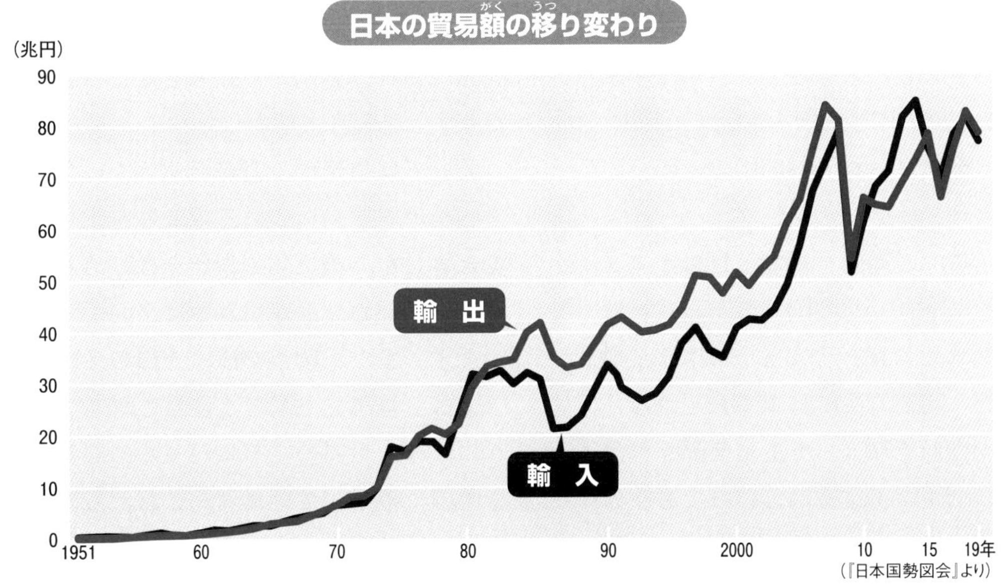

(『日本国勢図会』より)

大昔から世界の国ぐにを結んできた貿易

自分の国にないものを外国から手に入れようとすることは、何千年も前から行われていました。

大昔の交易の道として有名なシルクロード（絹の道）もそのひとつです。シルクロードは中国と西アジアやヨーロッパを結んでいた道です。この道を通って、中国の絹がヨーロッパに、西アジアやヨーロッパの品々が中国に運ばれたのです。

今から600年ほど前になると、ヨーロッパの国ぐにが海をわたってアフリカやアジアへ進出するようになりました。アフリカやアジアの珍しい品々や香辛料を求めたのでした。やがて、こうした動きはヨーロッパの国ぐにの領土の拡張と結びつき、アフリカやアジアの国ぐにはヨーロッパの植民地となっていきました。そして、日本や中国などの一部の国は、国を閉ざす（鎖国）という形でヨーロッパの国ぐにからのがれようとしたのでした。

長い鎖国の期間を経て、日本がアメリカやヨーロッパの国ぐにと正式に貿易を始めたのは、今から150年ほど前でした。明治時代の日本も、足りない食料や資源を輸入して工業製品を輸出したのです。工業製品といっても、このころは生糸や綿織物などのせんい製品が中心でした。

戦争による貿易の中断をはさんで、再び貿易がさかんになると、貿易の障害になるものをなくして自由に貿易を行うためのルールが必要となりました。そのため、ヨーロッパやアメリカによって関税と貿易に関する一般協定（GATT）といった貿易について話し合う機関がつくられ、現在では世界貿易機関（WTO）となっています。

戦後の日本の貿易は、工業の発展にともなってさかんになっていきました。せんい製品から始まった輸出も、やがて、鉄鋼や船舶、自動車といった製品に拡大されていったのです。しかし、日本の製品が各国に輸出されるようになると、アメリカやヨーロッパの国ぐにと貿易摩擦がおこってきました。逆に、日本が農産物の輸入を制限したことも問題にされ、各国から輸入をせまられたりすることもありました。

最近では急速に工業が発達している中国が世界貿易にしめる重要性をましてきました。機械類や衣類をはじめとする中国製の製品が世界中に出回っています。また、国土が広く人口の多い中国は、輸出先としても注目されるようになり、世界の国ぐにが多くの製品を中国に輸出しています。これからの世界貿易は、中国をぬきにしては考えられないようになってきているのです。

テーマに関する おもなできごと

貿易に関するおもなできごと

1853年	ペリーが浦賀に来航する(→翌年、アメリカと和親条約を結ぶ)
1858年	日米修好通商条約を結ぶ(→外国との貿易を再開)
1859年	横浜、長崎、函館で貿易が始まる
1911年	日米通商航海条約を結ぶ(→関税自主権を回復)
1939年	アメリカが日米通商航海条約の廃棄を通告する
1947年	関税と貿易に関する一般協定(GATT)に加わる
1949年	為替レートを〈1ドル=360円〉に設定
1960年	貿易を自由化する方針が決定される
1964年	経済協力開発機構(OECD)に加盟する
1971年	為替レートを〈1ドル=308円〉に設定
1972年	日米せんい協定を結ぶ
1973年	「円」が変動相場制に移行する
1977年	カラーテレビに対米輸出自主規制
1981年	自動車に対米輸出自主規制
1985年	プラザ合意
1989年	日米構造協議が始まる(→牛肉・オレンジの輸入自由化)
1991年	日米半導体協定の改定交渉が決着する
1994年	自動車の対米輸出自主規制をやめる
1995年	世界貿易機関(WTO)が発足
2002年	中国からの輸入額がアメリカをぬく
2007年	中国との貿易総額がアメリカをぬいて1位になる
2015年	環太平洋経済連携協定(TPP)の交渉で12か国が大すじ合意
2017年	TPPからアメリカが脱退
2018年	アメリカをのぞいた11か国で署名、TPP発効

●1ドル=360円の時代

「今日は、1ドルは○円」というように、ドルに対する円の価値は毎日変わります。これを変動相場制といいます。しかし、1973年に変動相場制になるまで、日本ではドルに対する円の価値を一定の額に決めておく固定相場制が行われていました。1ドル=360円という時期が続いたのです。円だから360?

▲名古屋港での輸出用自動車の船積みのようす

●輸出のしすぎがまねいた貿易摩擦

たくさん輸出をすれば会社はそれだけ利益が上がります。しかし、相手国で同じ製品をつくっている会社は売り上げが下がり経営が苦しくなります。国もだまって見ていることはできません。そして摩擦がおこるのです。

▲中国河北省唐山市にある日系精密機器工場のようす

●さかんな現地生産

中国からの輸入額がアメリカをぬいた最大の理由は、日本企業が人件費の安い中国に工場を建設し、機械部品や衣類などをつくるようになったからです。つまり、今まで日本でつくっていた製品を中国でつくり、日本へ逆輸入しているからなのです。

1 ふえる外国製品と日本の産業

貿易

世界貿易機関（WTO）

WTOは、1995年に自由貿易を推進するために発足した、国際連合の機関です。

世界中の国ぐにとの貿易を活発にし、国際協力をさかんに行おうという考えを自由貿易主義とよびます。第二次世界大戦後まもなく世界の国ぐにの間で、その考えを推し進める目的で、**GATT（関税と貿易に関する一般協定）**が生まれました。世界の国ぐには、その決まりにもとづき、自由貿易のさまたげとなる高い関税など、貿易の障壁をなくしていくための話し合いを何度も行いました。

1995年になると、その話し合いをする場を常設の国際機関として設置することになりました。それがWTOです。

WTOでは、これまでの品物の貿易ルールだけではなく、知的財産のやりとりについての国際的なルールづくりなどが新たな仕事として行われています。

セーフガード

セーフガードとは、緊急輸入制限措置のことです。

自由貿易が広がっていくとさまざまな問題も発生します。たとえば、安くて質のよい外国の製品がいきなりたくさん輸入されるようになると、同じ種類の品物を生産している国内の産業が大きな打撃を受けることになります。そこで、国内産業を保護するためのしくみとして、そのような場合には、一時的に輸入制限をすることができるという「セーフガード条項」がWTOの決まりに定められたのです。

日本のセーフガードの例としては、2001年に、中国から輸入されるいぐさ（畳おもて）、生しいたけ、ねぎの3品目の農産物について、200日間高い関税をかけたことがあげられます。

日中貿易

中国は社会主義の国ですが、近年は経済開放政策をとっており、2001年にはWTOに加盟しました。人口が多く賃金が安いので、外国企業の工場がどんどん進出し、それにともなって技術も成長しつつあります。今や鉄鋼、家電製品、パソコンなどでは世界一の生産高をほこり、「世界の工場」とよばれています。

日本との関係でも、2007年には**中国との貿易額（輸入・輸出額の合計）がアメリカとの貿易額をぬいて1位**になりました。

日中貿易がさかんになる一方、せんい品をはじめ安い商品が日本国内に多く出回っているため、国内で同じものを生産している産業が低迷しています。また、中国からの輸入農産物に、多量の農薬がふくまれていたことなどの問題もあります。

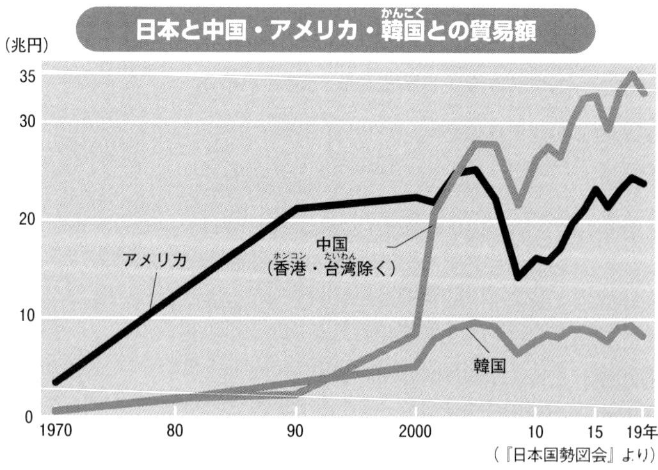

入試によく出る時事キーワード

環太平洋経済連携協定（TPP）

TPPは、Trans-Pacific Partnershipの略語で、日本語では**環太平洋パートナーシップ**ともよばれる経済連携協定です。もとは2006年に太平洋を囲む4か国（シンガポール・ニュージーランド・チリ・ブルネイ）が、**関税の撤廃**などについて結んだ協定で、その後8か国（アメリカ・オーストラリア・ペルー・ベトナム・マレーシア・メキシコ・カナダ・日本）が参加の意向をしめし、12か国での交渉を重ねて2016年に各国が署名、発効を目指していましたが、2017年、アメリカのトランプ大統領（当時）が離脱を表明しました。その後アメリカをのぞく11か国が2018年3月にTPP11として署名、同年12月に発効しました。

円高・円安

ドルなど、他の国のお金に対する円の価値が上がったり下がったりすることです。円の価値は、日本と相手国の貿易や世界経済の状況により変わっていきます。このことは、貿易を行う会社や消費者のみならず、日本経済全体に大きな影響をあたえます。

輸出がしにくくなる「円高」のとき

輸入がしにくくなる「円安」のとき

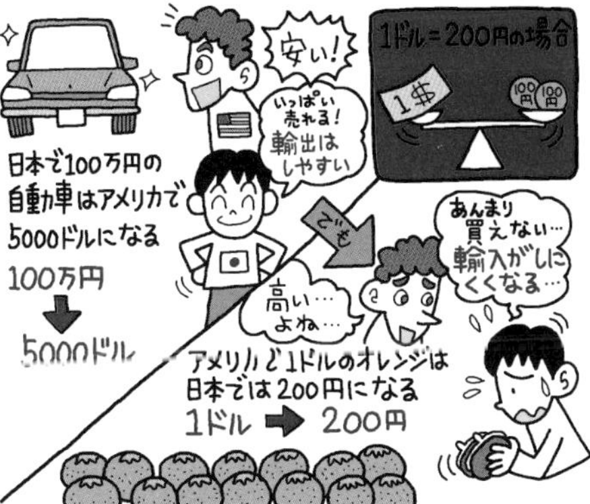

新興工業経済地域

1970年代、世界経済が石油危機によって低迷する中、一部の発展途上国が大きく経済発展をとげました。そうした国・地域の中で、1980年代に大きく成長した韓国・台湾・シンガポール・香港を**アジアニーズ**といいます。ニーズは新興工業経済地域（Newly Industrializing Economies）のことで、略してNIESと表記します。

アジアニーズがかつてほどの勢いを見せなくなった近年では、**BRICs**や、**VISTA**とよばれる国ぐにの成長が目立ちました。BRICsはブラジル・ロシア・インド・中国、VISTAはベトナム・インドネシア・南アフリカ・トルコ・アルゼンチンを指しますが、急な成長のあとに財政状況が悪化している国もあります。

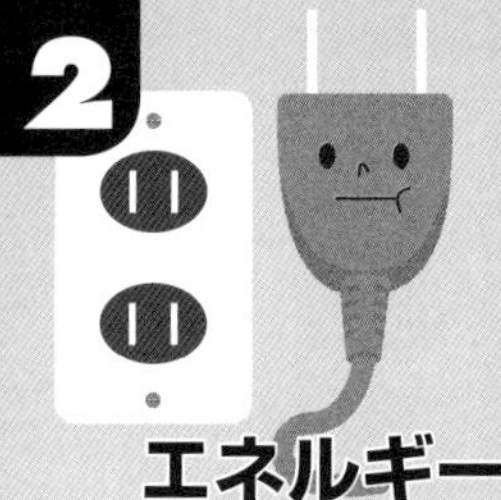

私たちのくらしを動かす力

エネルギーと私たちの生活

私たちの体が動いたり、電灯の明かりがともったり、自動車が動いたりするためには、すべてエネルギーが必要です。エネルギーは物を動かす力なのです。

今、私たちはばく大な量のエネルギーを使って生活しています。日本でエネルギーを使う量は60年ほどの間に４倍以上にふえているのです。なぜ、こんなにエネルギーを使う量がふえているのでしょうか。

ひとつは産業の発達です。産業が発達すれば多くのものが生産され、生産するために多くのエネルギーが使われます。さらに、生産されたものを運ぶためにも多くのエネルギーが使われます。また、私たちの生活を見ると、生活が快適で便利になるにしたがってエネルギーを使う量もふえてきます。家の中を見回すと、電気を使う道具がどれくらい多いかわかるでしょう。

日本の最北端・北海道の宗谷岬に建設された国内最大級の風力発電施設だよ。57基の風車で稚内市の電力の60%を発電しているよ。

エネルギーってなんでしょう？　私たちの豊かで便利な生活をささえている電気や都市ガス、ガソリン…。これらはどのようにしてつくられているのでしょうか。

新しいエネルギーを求めて

海岸線にそって巨大な風車がならんでいるのを目にしたことがありますか。風の力で電力を得るための施設です。自然のエネルギーを利用して電力を得ようとしているのです。自然のエネルギーを使って電力を得ようとする試みは風力だけでなく、太陽光や地熱、干満の差を利用した波の力などでも行われています。

風や太陽光、波などの自然のエネルギーには限りがなく、自然をよごすこともありません。自然にとってとてもよいエネルギー源といえるのです。しかし、こうしたエネルギーを開発している理由はそれだけではありません。

エネルギー問題

今、世界で最も多く利用されているエネルギー源は石油や石炭、天然ガスなどの地下資源です。しかし、地下資源には限りがあり、いつまでも使い続けるというわけにはいきません。また、一部の国で多く利用されている原子力は、事故がおこったときの放射能汚染の危険や、核廃棄物処理の方法など、多くの問題をかかえています。

世界の国ぐにが多く利用しているエネルギー源には、こうしたさまざまな問題があります。新しいエネルギー源の開発は、資源不足や環境などの問題を解決し、産業の発達や豊かな生活をつくるために、各国が取り組んでいる課題なのです。

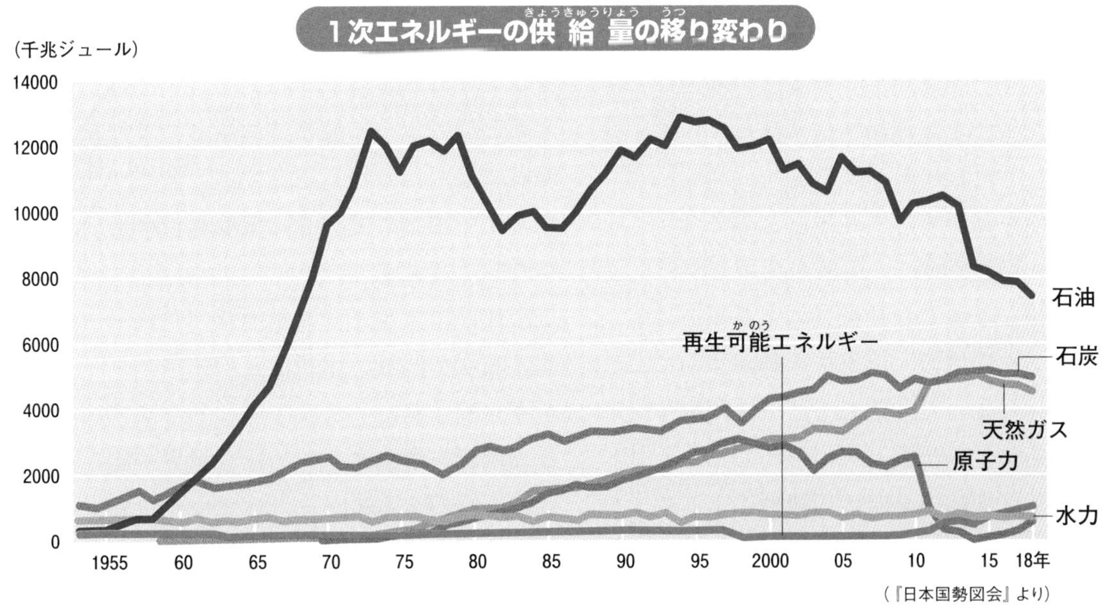

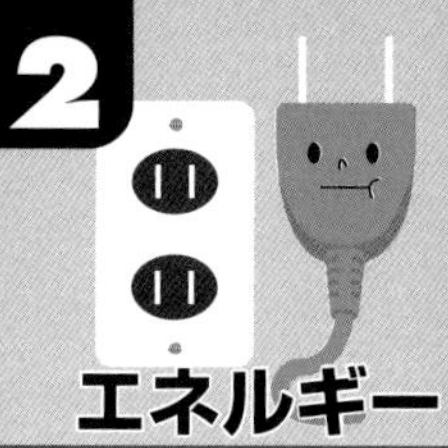

火と人類の出会い、火薬・蒸気・電気、そして…

人類が火を手に入れたとき、人類はほかの動物と異なる動物になったのでした。火は冬の寒さを防いでくれました。また、夜の暗さから人類を守ってくれました。さらに、食べ物をよりおいしくしてくれました。

やがて、人類は火を自分でつくることができるようになりました。必要なときに必要なだけ、火を使うことができるようになったのでした。火はエネルギーです。人類と火の出会いは文明を生み、人類を地球の支配者にしたのでした。

人類が火と出会ってから長い年月がすぎ、火はより強力な力をもつものを生み出しました。火薬です。今から1200年ほど前、中国で発明された火薬は、ふつうの火よりもはるかに強力なエネルギーを生み出しました。強力なエネルギーを生み出す火薬はとくに武器として使われました。

ものを動かすエネルギーとして今から250年ほど前に、蒸気が利用されるようになりました。蒸気エネルギーはポンプや機械類、溶鉱炉を動かすのに用いられました。そして蒸気機関車や蒸気船が生み出されていったのでした。この蒸気機関の発明は、機械による生産や運搬を可能にし、産業革命をおこしたのでした。

蒸気の次に重要な動力源となったのは電気でした。電気そのものの存在は古くから知られていましたが、初めて発電機がつくられたのは今から180年ほど前のことでした。そして発電機の発明以降、電気は明かりとして、通信機器として、さらに動力源として広く使われるようになったのでした。

その後にあらわれたのは内燃機関（エンジン）でした。とくに石油を燃料とするガソリンエンジンは自動車を実用的なものとし、交通機関に大きな変化をもたらしました。

20世紀に入り人類はますます多くのエネルギーを使うようになり、より大きな力を生み出すエネルギー源を求めていきました。今から80年ほど前、核分裂が巨大なエネルギーを生み出すことが発見されました。核エネルギーは、火薬と同じように最初は武器として使われました。しかし現在では、発電エネルギー源としてとくに重要な役割をはたしています。

現代はエネルギー大量消費の時代です。石炭や石油、木材などの燃料エネルギー源は使いすぎの状態にあります。この問題を解決するために、世界の国ぐにでは核エネルギーだけでなく、新しいエネルギー源の開発を進めているのです。

テーマに関するおもなできごと

エネルギーに関するおもなできごと

今から50万年ほど前
人類が火を使い始める

今から2000年ほど前
西アジアで水車が利用される

今から1400年ほど前
ペルシャで風車が利用される

今から1200年ほど前
中国で火薬が発明される

1765年	イギリスのワットが蒸気機関を完成
1814年	イギリスのスティーブンスンが蒸気機関車を発明
1867年	スウェーデンのノーベルがダイナマイトを発明
1879年	アメリカのエジソンが白熱灯を発明
1881年	エジソンが世界初の石炭火力発電所をつくり電力を供給
1886年	ドイツのダイムラーが自動車を発明
1887年	東京に日本初の石炭火力発電所が完成
1891年	京都に日本初の水力発電所が完成
1945年	アメリカで最初の核爆発実験実施
1951年	アメリカで原子力発電が成功する
1954年	旧ソ連に最初の原子力発電所が完成
1966年	日本初の商業用原子力発電所が営業運転を開始（茨城県東海村）
1973年	第一次石油危機
1979年	第二次石油危機
1979年	スリーマイル島原子力発電所（アメリカ）で事故発生
1986年	チェルノブイリ原子力発電所（ウクライナ）で事故発生
1999年	茨城県東海村で日本初の臨界事故発生、死者２名
2011年	福島第一原子力発電所で事故発生

●蒸気機関がもたらした産業革命

蒸気機関の完成によって、イギリスでの産業革命は急速に進みました。また、日本の産業革命はこれより約100年おくれて始まりました。

●水力発電によって日本初の市電も完成

この水力発電は琵琶湖疏水の水を使って行われました。また、この水力発電で得られた電力は、京都・伏見間に日本最初の路面電車を走らせました。

▲京都市にあった蹴上発電所

▲相次ぐ爆発や放射能もれがおきた福島第一原発

●最悪レベルの原子力発電所事故

2011年３月11日、東北地方太平洋沖地震（東日本大震災）によるゆれと津波によって、東京電力福島第一原子力発電所で原子炉内の設備が破壊され、放射性物質が放出されるなどの被害を広い範囲におよぼしました。

2 エネルギー 私たちのくらしを動かす力

1次エネルギーと2次エネルギー

1次エネルギーとは、自然界にそのまま存在するエネルギーのことで、その種類は大きく次の3つに分けられます。

①石油・石炭・天然ガスなどの化石燃料
②原子力
③風力・水力・地熱・太陽光（熱）などの自然エネルギー

現在の日本では、これらの1次エネルギーを生活の中でそのまま使用するということはほとんどなく、たいていはこれを電気・ガス・灯油・ガソリン・コークスなどに加工して使用します。このように1次エネルギーを加工・変形したものを2次エネルギーといいます。

日本の1次エネルギーの供給割合

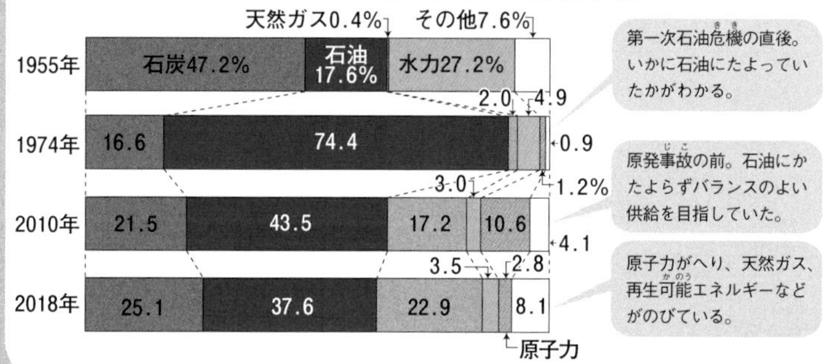

エネルギー革命

使用されるエネルギー源の中心が、大きく変化することを**エネルギー革命**といいます。

一般に日本でエネルギー革命というときは、1960年代に、エネルギー源の中心が、石炭から石油や天然ガスへと変化したことを指します。しかし、19世紀のヨーロッパで、木炭から石炭へとエネルギー源の中心が変化し、産業革命達成の原動力となったことも、エネルギー革命だといえます。また現代では、化石燃料の量に限りがあることや、石油などを燃やしすぎると環境に悪影響をあたえることを受けて、自然エネルギーへの革命を期待する声もあります。

エネルギー自給率

エネルギー自給率とは、生活や経済活動に必要なエネルギーのうち、自国で確保できる率のことをいいます。1960年代、日本のエネルギー自給率は60%近くありました。しかし、高度経済成長期に必要なエネルギーが大きくふえたことや、エネルギー革命がおきて大量の石油を輸入するようになったことなどから大はばに低下し、とくに2011年の東日本大震災以降、国内のほとんどの原子力発電が停止したため、2013年には6.1%まで落ちこみました。ここ数年は再生可能エネルギーの導入や原発の再稼働が進み、2017年には9.6%まで回復しましたが、それでも、先進国の中では、かなり低い水準といえます。

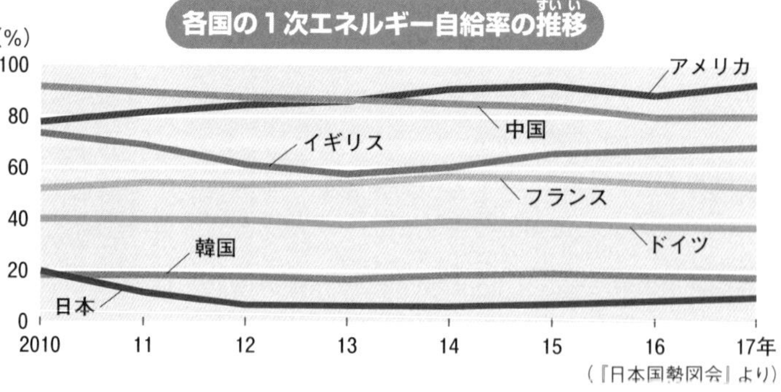

（『日本国勢図会』より）

再生可能エネルギー

再生可能エネルギーは、「エネルギー源として永続的に利用することができると認められるもの」として、法律で定められているものです。具体的なエネルギーの種類としては、**太陽光**、**風力**、**水力**、**地熱**、**太陽熱**などの自然エネルギーのほかに**バイオマス**などがあります。

再生可能エネルギーの利点は、①資源が枯渇せず、くり返し使えること、②発電時や熱の利用時に二酸化炭素をほとんど排出しないことなどです。反面、①天候などの自然条件に左右されること、②現在の技術では、設備の建設に、ばく大な費用がかかってしまうなどの課題があります。日本の発電電力量にしめる、水力をのぞく再生可能エネルギーの割合は、ほんのわずかにすぎません。さらに、再生可能エネルギーが大量に導入された場合、休日など需要の少ない時期に電力があまってしまう、天候などの影響で電気の安定供給ができなくなってしまうなどの問題が生じる可能性があります。

再生可能エネルギーの利用を促進するため、国は、電力会社に再生可能エネルギーで発電された電気の買い取りを義務づける「**再生可能エネルギー固定価格買取制度**」を導入しました。

原子力発電所の事故

原子力発電は、「少ない燃料で大量の電気をつくることができる」などの利点があるとして、最も多い時期では、日本の総発電量の約３割をしめるまでになっていました。しかし、燃料であるウランは、放射線を出す物質で、ひとたび事故がおこれば多くの人の命が危険にさらされます。

日本では、過去にも、1995年の**高速増殖炉もんじゅでの火災**（福井県）、1999年の**東海村核燃料施設の臨界事故**（茨城県）などいくつかの事故がありました。さらに2011年の東日本大震災による**福島第一原子力発電所の事故**は、大量の放射性物質を外部に放出してこれまでにない被害をもたらし、世界中に衝撃をあたえました。汚染水の処理や廃炉に向けた作業は少しずつ進んではいるものの、事故から10年たっても、発電所周辺には、いまだに住民が帰宅することができない地域があります。

バイオマスエネルギー

植物・木材・生ごみなど、動植物由来のエネルギーのことです。生物体を発酵させるなどしてアルコールを取り出し、エネルギーとして利用します。たとえば、サトウキビやトウモロコシからつくられた**バイオエタノール**は、ブラジルでは自動車の燃料として使われています。サトウキビやトウモロコシの燃料としての利用の広がりは食料不足や食料価格の高騰につながる可能性もあります。

シェールガス

「シェール」とは、頁岩というすくはがれやすい特色を持つ岩石のことで、**シェールガス・シェールオイル**は、このシェール層の岩石のすきまに存在する天然ガスや石油のことです。これらのガスやオイルは、採掘が困難でしたが、採掘する技術が確立された2000年代から、アメリカやカナダでさかんに生産されるようになりました。アメリカでは、近年、地下2000ｍより深いところにあるシェール層の開発が進められ、天然ガスの輸入が減少し、国内価格も下がりました。このことは世界のエネルギー需給に影響をおよぼしています。

時間と距離をちぢめた道具

交通機関と生活

私たちが日常の生活で使っているものや食べているものは、必ずどこかから運ばれてきたものです。どうやって運ばれてきたかを考えたことがありますか。

私たちがどこかへ行くとき、電車に乗ったり、自動車に乗ったり、場所によっては飛行機に乗ったりします。交通機関が発達していなかったら、私たちの生活はとても不便なものになるでしょう。

今の私たちの生活にとって、交通機関はなくてはならないものです。交通機関とのかかわりなしに生きていくことはとてもむずかしくなっているのです。

世界初、超電導リニアで運行する中央新幹線。2027年の開業を目指すものの地下水への影響や活断層への不安など、課題も山積みだ。

交通機関の主役は何だろう

現代の私たちが利用できる交通機関には、自動車（道路）、鉄道、船、航空機があります。新しい交通機関には実用化されそうなリニアモーターカーなどがあ

テーマ

交通の問題

交通機関の発達にともなって、人やものの行き来がどんどん広範囲なものになりました。現在の私たちのくらしは、遠くから運ばれてきたもので成り立っているのです。

りますが、主役としては前の４つでしょう。

これらの交通機関は、それぞれ特色があり、その長所を生かした使い方がされています。たとえば、大量の品物を一度に長い距離を運ぶためには船や鉄道が適しています。スピードならば航空機でしょう。それぞれの交通機関がいろいろな長所をもっているのですが、何といっても最近の主役は自動車です。人やものを運ぶことで、自動車ほど力を発揮している交通機関はありません。

自動車交通がこれほど発展しているのにはわけがあります。ひとつは、高速自動車道路の発達です。遠くからでも大型トラックでいろいろな商品を運ぶことができます。もうひとつは、送り手から送り先まで積み替えなしで運べるという点です。

安全な交通機関を目指して

交通機関が引きおこす問題にはどんなものがあるでしょう。鉄道や船、航空機などの交通機関は、とくに事故が大きな問題となります。また、騒音や振動など、とくに航空機と鉄道で問題になります。

一方、自動車で問題になるのはなんでしょうか。もちろん事故はいつも問題になります。身近な交通機関であるだけに深刻です。しかし、自動車の排気ガスによる公害問題も重要です。人間の健康への被害だけでなく地球温暖化などの地球環境悪化の原因ともなります。こうなると、便利だからといって、そうした問題点から目をそむけるわけにはいかなくなります。

国内旅客輸送量の移り変わり

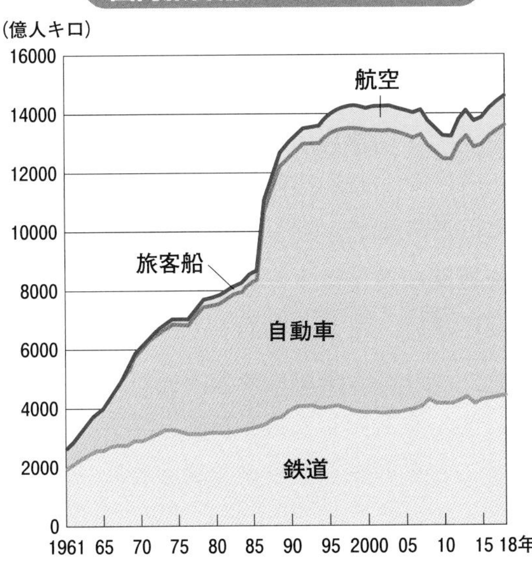

国内貨物輸送量の移り変わり

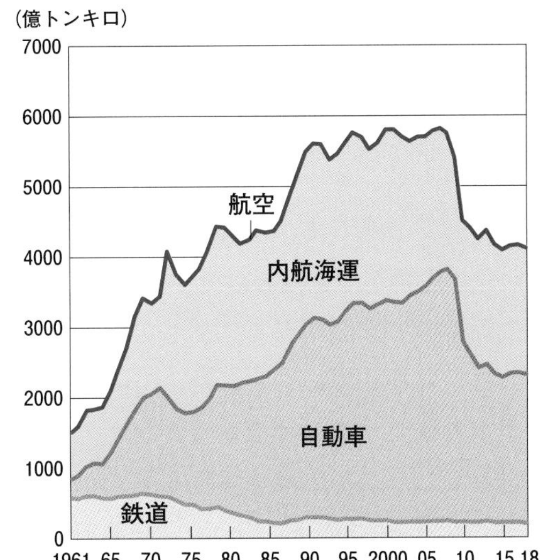

(2010年以降の自動車は家庭用もふくめた推計値。『日本国勢図会』より)

車輪は人類の偉大な発明。そして動力の進化

車輪が発明される前、人類は荷物を自分の背中に背負って運んでいました。家畜がいればその背中かもしれません。このような時代を経て、車輪が発明されました。車輪の発明は、ものの運び方を大きく変えたのでした。

海や川では丸太をくりぬいた船を使ってものや人を運んだのでしょう。もちろん、動力は人の力です。やがて、帆が発明され、風の力で船を動かすようになったのです。

車輪や帆の発明は人やものを運ぶ方法の大きな革命だったでしょう。しかし、荷車や船を動かす動力は、人や家畜、あるいは風の力といった、自然の力だったのです。

それにも大きな革命がおこりました。蒸気の力を使って荷車や船を動かすようになったのです。この力は人や家畜の力よりも強力でした。また、風のように気まぐれでもありません。

蒸気の力は、やがて電気の力へと変わりました。そして、現在でも電気の力がものを動かす主役なのです。

こうやって、陸や海で人やものを運ぶ方法が進歩していきました。しかし、人が空を征服するのはなかなかできないことでした。その夢を実現したのは、今からおよそ100年前、ライト兄弟が初めて空を飛んだときでした。

ライト兄弟が空を飛んでから100年あまりの間に、気球や飛行船、プロペラ機、ジェット機と、空を飛ぶ技術は大きく進歩しました。

一方、陸上交通のスピードアップもめざましいものがあります。1964年に開通した日本の新幹線（東海道新幹線）は、旅客列車としてのスピード記録をつくり、それまで６時間以上かかっていた距離を半分ほどの時間で移動することができるようになったのです。この東海道新幹線の成功の後、多くの国が高速鉄道の開発に着手し、現在ではヨーロッパの国ぐにをはじめとして、多くの国で時速200㎞を超えるスピードの列車が走っています。

鉄道の高速化とならんで自動車の高速化も進みました。もちろん、自動車そのものの高速化ではなく、自動車道路の整備です。日本のようなせまい島国でも各地に高速道路網が発達し、今ではトラックの長距離輸送がふつうになっているのです。

交通機関の進化はまだ続き、より静かで速い鉄道、環境への負荷が少ないエコカー、高齢者事故の多発で注目された、ＡＩを活用した自動運転システムなど、さまざまな技術が開発され続けているのです。

テーマに関するおもなできごと

交通に関するおもなできごと

年	できごと
紀元前4000年？	シュメール人が車輪を発明
1783年	最初の蒸気船がつくられる
	気球による最初の有人飛行
1825年	最初の鉄道がイギリスで開通
1872年	新橋－横浜間に日本初の鉄道が開通
1903年	ライト兄弟の最初の動力機が飛行に成功
1927年	上野－浅草間に日本初の地下鉄が開通
1942年	関門トンネルが開通（世界初の海底トンネル）
1963年	日本で最初の高速自動車道が完成する
1964年	東海道新幹線が開通
1969年	東名高速道路が全線開通
1970年	日本航空、ジャンボジェット機を導入
1975年	山陽新幹線が全線開通
1976年	本格的な宅配便事業が開始
1978年	新東京国際空港（成田空港）が開港
1982年	東北新幹線（大宮－盛岡間）が開通
	上越新幹線（大宮－新潟間）が開通
1988年	青函トンネルが開通
	本州四国連絡橋瀬戸大橋が開通
1994年	関西国際空港が開港
	ユーロトンネルが開通
1997年	北陸新幹線（高崎－長野間）が開通
2010年	東北新幹線が新青森へ延伸
2011年	九州新幹線（博多－鹿児島中央間）が全線開通
2015年	北陸新幹線が金沢へ延伸
2016年	北海道新幹線（新青森～新函館北斗間）が開通
2027年	リニア中央新幹線が開通予定（品川－名古屋間）

▲フランスの新幹線 TGV。パリのリヨン駅にて

●世界の新幹線

最高速度200km以上で走行する列車を高速鉄道といいます。日本が新幹線を開業させた17年後、フランスでTGVが開業したのを皮切りに、ヨーロッパでは次々と高速鉄道が開通しました。また、2003年中国で、2004年韓国で、2007年台湾で高速鉄道が開通しています。

▲貨物型ジャンボ機から荷物が降ろされるようす（成田空港）

●航空輸送の大型化

1969年に初めて導入されたアメリカのボーイング747（ジャンボジェット）は、座席の配列によって300～500人の人を乗せることができ、それまでの旅客機とくらべて1度の飛行で2倍以上の人を運べるようになりました。ジャンボ機は、現在、貨物輸送でもさかんに使われていますが、2022年には生産を終了する予定です。

●海底トンネル

海底トンネルとして、全長は青函トンネルに次いで世界第2位、海底部分の総延長では世界第1位のユーロトンネルは、イギリスとフランスの国境があるドーバー海峡の海底に掘られた国境のトンネルです。

3 交通

時間と距離をちぢめた道具

パーク・アンド・ライド

大都市内の交通混雑を防ぐため、自動車を大都市郊外の駐車場に置き（park）、鉄道やバスに乗って（ride）都心部に入る方式を、**パーク・アンド・ライド**といいます。

ヨーロッパでは都市の総合交通政策として積極的に導入されており、ドイツのフライブルク、イギリスのオックスフォードなどの取り組みは広く知られています。また、日本では、1970年代の石油危機以降に普及しはじめ、金沢市や奈良市、大阪府の取り組みなどが有名です。

パーク・アンド・ライドのしくみ

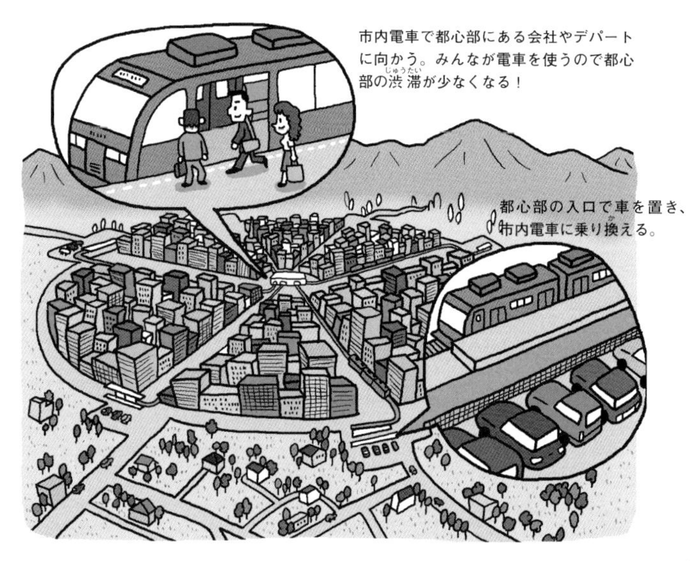

市内電車で都心部にある会社やデパートに向かう。みんなが電車を使うので都心部の渋滞が少なくなる！
都心部の入口で車を置き、市内電車に乗り換える。

モーダルシフト

貨物輸送を、環境に対する負荷が大きいトラック輸送から、環境に対する負荷の少ない鉄道・船舶に振り替えていくことを**モーダルシフト**といいます。

トラック輸送は、ドアトゥードア（戸口から戸口へ）の輸送ができること、高速道路が整備されてきたことなどによって急速に輸送量を伸ばしてきましたが、一方で、大気汚染・騒音などの公害や交通渋滞の原因ともなっています。そこで、政府も、鉄道や船舶による輸送の割合を向上させることを目標に掲げています。

コミュニティバス

乗客がそれほど多くないため、通常の路線バスでは採算が合わない地域で、地方自治体（市・町・村）や地域住民が主体になって運行している小型のバスを**コミュニティバス**といいます。

高齢化が進む日本ではその重要性がましてきています。

▲東京都武蔵野市のムーバス

格安航空会社（LCC）

乗客へのサービスを最小限にしたり、深夜や早朝などの発着にしたりすることで、低価格で航空輸送サービスを提供する航空会社を**LCC**といいます。LCCは、ロー・コスト・キャリア（Low Cost Carrier）の略称です。手厚いサービスや快適な機内環境よりも、安い価格で移動できることを求める乗客によって、LCCは世界各国で需要がましています。2015年には、日本でも成田国際空港にLCC専用のターミナルがつくられました。機能的でわかりやすくなっていると評判です。

入試によく出る時事キーワード

路面電車

道路を走る軽量の旅客輸送用の電車を**路面電車**といいます。

市電・都電あるいは「チンチン電車」などの名で親しまれ、全国各地で活躍していましたが、自動車の増加や交通渋滞の深刻化などによって、多くの都市で撤去されてしまいました。しかし、最近では、自動車にくらべると環境に対する負荷が少ない、地上からすぐに乗ることができ、高齢者や幼児にも利用しやすいなどの理由で再評価されています。広島市や長崎市、函館市などでは市民の足として活躍しています。なお、ヨーロッパ各地で導入が進む超低床型（ノンステップ）でデザインにもすぐれた新型の路面電車を**LRT（ライト・レール・トランジット）**とよんでいます。

▲広島市の繁華街を走る路面電車

▲愛知県庁の前を走る、トヨタの燃料電池車「MIRAI」

エコカー

エコカーとはエコロジーカーの略称で、環境への負荷が少ない自動車の総称です。

エンジンを改良し、少ない燃料で長い距離を走れるようにした自動車や、電気で動く**電気自動車**、ガソリンエンジンと電気モーターという２つの動力源を組み合わせた**ハイブリッドカー**などがあります。

ハイブリッドカーは、自動車の運動エネルギーを電気エネルギーとして回収・蓄積し、必要に応じてモーターを使って走ります。世界最初の量産型ハイブリッドカーは日本産のトヨタ「プリウス」で、トヨタのハイブリッドカーは2020年までに、世界で1500万台以上も販売されました。

また、水素と酸素を反応させて走る**燃料電池車**の開発も進んでおり、販売を始めているメーカーもあります。

ハブ空港

放射状に伸びる国際線や国内線の中心となり、乗り継ぎや貨物の積み替えの拠点となる空港を**ハブ空港**といいます。

ハブ空港に長距離便を集中させ、周辺の空港へは乗り換え便を多数就航させることによって、効率的な航空機の運用が可能になります。日本では、成田、関西、中部の３つの国際空港がハブ空港を目指していますが、韓国、中国などに次々と大型空港が開港し、日本の国際空港は発着可能な便数などで水をあけられています。羽田も都心に近い地の利を生かして国際線をふやし、成田と競っています。

ハブとは自転車の車輪の主軸のこと。
ハブ
スポーク
ハブを中心に伸びるスポークが、空港と空路に似てるよね。

4

経済

お金がくらしにはたす役割

ものの値段はどうやって決まるのか

私たちは多くのものを買って生活しています。いろいろなもの（商品）には値段があります。その値段を払って必要なものを手に入れるのです。それでは、商品の値段はどうやって決まるのでしょうか。

商品の値段の決まり方は、その商品がどのようなものかによって変わります。たとえば農産物の場合、その農産物のとれた量によって毎日のように変わります。また、買いたい人が多いか少ないかでも変わります。農産物とちがって、生産量が調整できる工業製品などの場合はあまり大きく値段が変わりません。もちろん、あまり売れない商品でも、値段をうんと安くすることで売れるようにすることもあります。

一般的にいうと、商品が必要とされる量（需要量）と商品を売ろうとする量（供給量）によって、商品の値段は変化するのです。

お金の働き

商品を売ったり買ったりするとき、お金が使われます。お金は、ほしい商品や

テーマ

経済の問題

現代の社会では、お金がなければ生活に必要なものを手に入れることができません。そのため商品には値段がつけられているのですが、その値段が、今、不安定になっています。

東京都中央区にある日本銀行。ここからお金が発行されているんだよ。お札を見ると「日本銀行券」って書いてあるよね。

売りたい商品と同じ価値をもつのです。

それではお金の価値はどうして生まれるのでしょうか。それは、その価値を国が保証しているからなのです。それがなければただの紙です。

お金に価値をもたせるためには、国はお金の発行数量をきちんと管理する必要があります。国がつくっているお金なら、足りなくなったらたくさん印刷すればいい、なんて考えてもだめです。出回る商品の量が限られていて、お金がたくさん出回ればそれだけ商品の値段も高くなります。これをインフレーションといいます。こうならないためにも、お金の発行数量はきちんと管理されているのです。

商品の値段がおかしい？

「価格破壊」ということばを聞いたことがありますか。最近は、いたるところに安売り店があらわれ、ふつうよりも安い値段で商品を売っています。買う人（消費者）にとってはとてもありがたいことですが、無理な競争を引きおこしかねません。また、必要以上に安くするためには、どこかに無理がかかることもあります。無理をして値段を下げることによって、日本の産業全体をおかしくすることにもなりかねません。

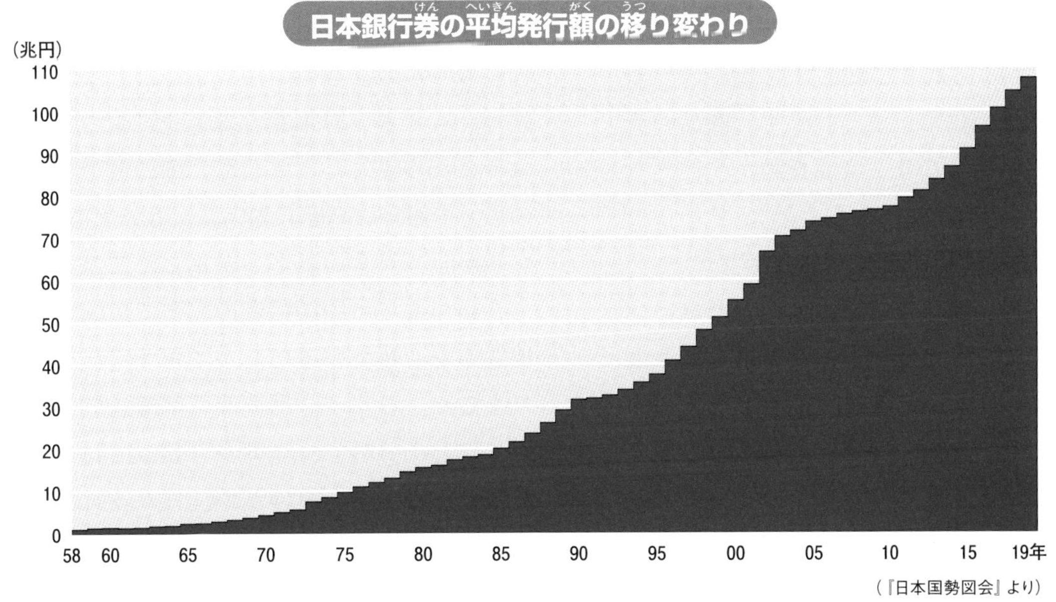

（『日本国勢図会』より）

4 お金がくらしにはたす役割

経済

みんなが価値を認め合う、信用にささえられたお金

生活に必要なものを、すべて自分でつくることを「自給自足」といいます。大昔の人びとは「自給自足」の生活をしていました。やがて、自分のもっているものとほかの人のもっているものとを交換して必要なものを得るようになりました。物と物との交換なので、これを「物々交換」といいます。

「物々交換」が発展すると、おたがいに価値を認めあった、持ち運びやすいものを物の代わりに使うようになりました。お金（貨幣）の誕生です。

最初のうちは貝殻や布、石（珠玉）、小麦などを貨幣として使っていました。やがて、金属を加工する技術が進むと、金や銀、銅などの金属を貨幣として使うようになりました。日本でも、今から1300年あまり前に、こうした金属貨幣がつくられました。

各地で貨幣が使われ出すと商品の流通が活発になり、商品を動かす仲立ちとしての商人があらわれてきました。商人が誕生し商業が発達していくと、大量の金属貨幣ではあつかいがたいへんなので、金額をしるした紙を使うようになりました。これを信用貨幣といい、銀行券（お札）、手形、小切手などがこれにあたります。

信用貨幣が広く使われるようになると、銀行の役割も大きくなってきました。信用貨幣の「信用」を銀行が負うようになったからです。また、銀行は「信用」をもとに、お金を貸すこともするようになりました。商業の中で、銀行のはたす役割がきわめて大きくなったのです。

銀行のようにお金を預かったり、預かったお金を運用して利益をつくったりする仕事を金融業といいます。こうした金融業を行う機関（金融機関）には、銀行以外に、保険会社や証券会社などがあります。

日本の金融業の発達は、江戸時代の両替商にさかのぼります。たとえば、江戸と大阪で取引をするとき、江戸の両替商は信用貨幣（紙に金額を書いたもの）を発行していたのです。

やがて明治時代になり、日本でも銀行がつくられました。中央銀行（日本銀行）もでき、日本銀行券を発行するようになりました。そして、国の保護のもとで銀行は発展していったのです。

しかし、日本の経済力がましたことで、いつまでも国の保護のもとで金融機関が安心していることができなくなりました。日本が金融機関を保護していることに対して、海外から強い批判を浴びたのです。そのため、日本政府は国による保護を弱め、金融の自由化にふみきったのです。

テーマに関するおもなできごと

日本の経済に関するおもなできごと

年	できごと
紀元前1500年ごろ	中国で貝の貨幣が使われる
687年？	「富本銭」(日本で最古の金属の貨幣)がつくられる
708年	「和同開珎」(本格的な流通を目指した貨幣)が発行される
17世紀？	日本で両替商が発達する
1694年	イングランド銀行が設立(イギリス)
1873年	第一国立銀行が設立(日本で最初の銀行)
1882年	日本銀行が設立
1929年	ニューヨーク株式市場で株価大暴落(世界恐慌始まる)
1947年	独占禁止法が制定される
1950年	朝鮮戦争による特需景気がおこる
1954年	神武景気(～1957年、31か月)
1958年	岩戸景気(～1961年、42か月)
1960年	池田勇人内閣が「所得倍増計画」を決定
1965年	いざなぎ景気(～1970年、57か月)
1968年	日本の国民総生産が資本主義国の中で第２位になる
1973年	第一次石油危機
1979年	第二次石油危機
1986年	平成(バブル)景気(～1991年、51か月)
1997年	大蔵省が金融制度改革(日本の金融ビッグバン)構想を発表
2008年	世界同時不況(リーマン・ショック)
2019年	キャッシュレス・消費者還元事業始まる(～2020年６月末まで)

●貝の貨幣は宝貝

大昔、中国では貝を貨幣として多く使っていました。持ち運びやすく、量も多く、美しいことから使われたようです。この貝は「宝貝」とよばれました。

▲朝鮮特需で出番を待つ、米軍用トラック

●景気の波

戦後の日本は何度かの好景気を経験しています。長期の景気好調期にはそれぞれよび名がつけられていますが、平成景気以外は、「日本の歴史始まって以来」という意味のよび名がつけられています。

▲コンビニの店内に、銀行の端末が登場した

●日本版金融ビッグバンと金融自由化

ビッグバンは約150億年前の宇宙が誕生したときの大爆発のことですが、イギリスで金融大改革を行い成功したとき「金融ビッグバン」とよばれました。日本でもイギリスを手本にいろいろな規制をなくし、銀行や証券会社などの金融市場を立て直すために日本版金融ビッグバンが構想されました。その結果、外国の証券会社や保険会社、銀行などが日本に進出し、日本の金融機関は競争にさらされるようになりました。

お金がくらしにはたす役割

貨幣

ほかの人が生み出したモノやサービスを手に入れる手段のひとつが**貨幣**です。

貨幣が、モノやサービスと交換できるものであるためには、社会のだれもがそれを貨幣として認めていなければなりません。昔、人びとはふつうにはなかなか手に入らない、貴重なものを貨幣としてきました。金や銀などです。

そのうちに金などが直接貨幣として使用されるのではなく、金と交換できるということで価値をもたせた、別の金属や紙が貨幣となりました。このしくみを**金本位制**といいます。

ところが、そのしくみでは金の量により、貨幣の流通する量が制限されてしまうなど不都合が生じてきたことから、現在では、貨幣の価値を法律によって保証する、つまり国が貨幣の信用をあたえるしくみになっています。

日本銀行

お金を発行する銀行（発券銀行）を「中央銀行」といい、日本銀行券を発行する**日本銀行**がこれにあたります。

日本銀行は、政府の借金である**国債**を管理したり（政府の銀行）、銀行にお金を貸し出したり（銀行の銀行）する仕事も中央銀行の役割として行います。

日本銀行の役割
発券銀行として、お札を発行したり、お金の流通量を調整する。
ふつうの銀行にお金を貸し出したり、お金を預かったりする。
政府が集めた税金や、国債（政府が国民などからした借金）を管理する。

キャッシュレス化

現金を持ち歩かずに商品やサービスの支払いができるキャッシュレス決済のひとつが**電子マネー**です。

電子マネーには、鉄道系のSuicaをはじめとして、カードやスマートフォンに埋めこんだICチップの情報を読み取るものや、スマートフォンの画面に出たバーコードやQRコードを読み取るものがあります。

近年は、コンビニエンスストアはもとより、商店街のお店でも電子マネーが使える環境が整ってきており、ますます**キャッシュレス化**が進みそうです。

このほかに、インターネット上で取引されている、ビットコインなどの**暗号資産**（仮想通貨）を使った決済もあります。暗号資産には紙幣や硬貨がありません。国が価値を保証した通貨ではないため、急な値上がりや値下がりをする可能性があります。

入試によく出る時事キーワード

ユーロ

ユーロは現金通貨としては2002年から導入された、**EU**（**ヨーロッパ連合**）の単一通貨です。単一通貨といっても、EU加盟国のすべてが使っているわけではありません。2021年１月現在、ユーロは合計19か国で使われていますが、EU加盟国でありながら、ユーロを導入していない国も、８か国あります。そのうち、デンマークはユーロの導入義務がありませんが、その他の国ぐには物価の安定性などの基準を満たせばユーロを導入する義務があります。また、EU加盟国ではありませんが、モナコ、サンマリノ、バチカンなどでは協定を結んだうえでユーロを使用しています。

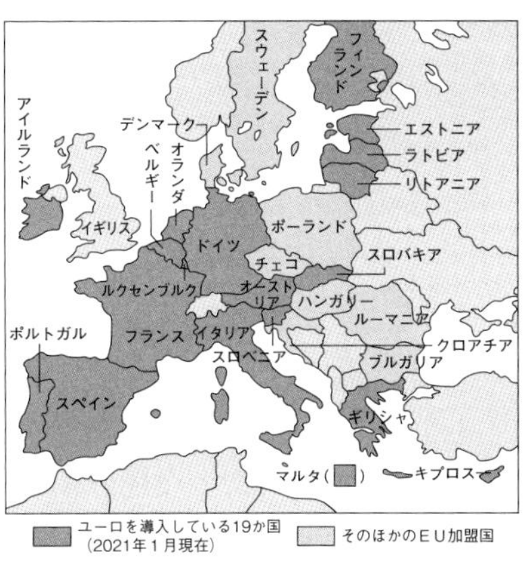

金融緩和

金融緩和とは、世の中に出回るお金の量をふやすことで、景気をよくしようとすることです。近年では、安倍晋三内閣が、経済政策である**アベノミクス**の柱のひとつとして行いました。

金融緩和を行うには、日本銀行が、民間の銀行を通じてたくさんのお金を出回らせる必要がありますが、それにはいくつかの方法があります。

ひとつは、お金を貸し出すときの金利を下げることです。金利が低ければ、会社や個人はお金を借りやすくなります。もうひとつは、日本銀行が民間の銀行がもつ国債などを買い上げ、貸し出しに使えるお金をふやすことです。

アベノミクスの３つの柱は、戦国武将・毛利元就の逸話にたとえて「三本の矢」とよばれる。

インフレとデフレ

物価が上がり続ける現象を**インフレ（インフレーション）**、その逆を**デフレ（デフレーション）**といいます。

たとえば、景気が悪いときには、政府や日本銀行は、世の中に出回るお金の量をふやし、人びとがお金を使いやすくして、景気をよくしようとします。お金が多く出回ると、人びとの経済活動が活発になりものやサービスの需要が高まるので、物価が上がります。こうした状態がインフレです。インフレが進むと、銀行に預けている額が変わらないのに、そのお金の価値が下がります。

一方、世の中に出回るお金の量がへると人びとの経済活動が停滞して、ものやサービスが売れにくくなり、物価が下がります。このような状態がデフレです。デフレが進むと、会社の売り上げは下がり、ますます経済は活気をなくしていくことになります。

5 食料

今日のごはんはだいじょうぶ？

今、食べているものはどこのもの？

今日の朝食はごはんとハムエッグ、それから豆腐とねぎの味噌汁。うちのお米は新潟のコシヒカリ。卵は千葉県の農家でとれたもの。これも日本製。ハムは、つくった会社は日本だけれど、使われている肉はどこの肉かな？　豆腐と味噌は何からつくるんだったっけ。大豆だよね。うちで買う豆腐と味噌は「国産丸大豆100%、遺伝子組み換えでない」って書いてあったけれど、どういうことだろう。

ハムエッグをつくるのに使った油は大豆からつくられている。その大豆はどこの大豆かな。卵をつくるにはにわとりを育てなければならないけれど、にわとりが食べているのは何だろう。ハムの肉は国産の豚肉かもしれないけれど、豚を育てるエサは何だろう。

食料を自給するということ

今の日本は世界で最も多く食料を輸入している国です。日本人が1年間で必要としている食料の量のうち、日本国内で生産できる量の割合を「食料自給率」といいます。日本の食料自給率は、先進国の中でも最も低くなっています。国民が

日本は世界最大の食料輸入国です。食料を多く外国にたよっているということは、食料不足のおそれや、食料の安全性の問題など、さまざまな危険をともなっているのです。

アメリカのカンザス州にある広大な小麦畑での収穫のようす。大型コンバインなど機械化が進んでいて、生産効率がとてもいいんだよ。

必要とする栄養分のうち、半分以上を外国から買っているのです。

パンの材料になる小麦、味噌やしょう油、豆腐、食用油の原料になる大豆の自給率は６％ほどしかありません。最近では、魚介類の輸入量も急激にふえて、自給率も下がっています。日本の漁獲量は世界でも多いほうなのに、どうしてこんなことになったのでしょうか。

輸入する危険(食料安全保障)

食料を輸入することの大きな問題として、輸入したほうが安いから輸入するということがあります。その結果、国内の生産量がへった農産物もあります。輸入相手国が不作にでもなって、輸入できなくなったらたいへんです。

さらに、輸入される農産物が安全かどうかという問題もあります。日本で許可されていない農薬を使った農産物が輸入されたこともありますし、BSEや鳥インフルエンザなどの問題もあります。

食料を輸入することは悪いことではありません。しかし、食料は直接国民の体に入るものです。食料が安定して安全に手に入れられるような方法を考えることも、今の日本では必要なのです。

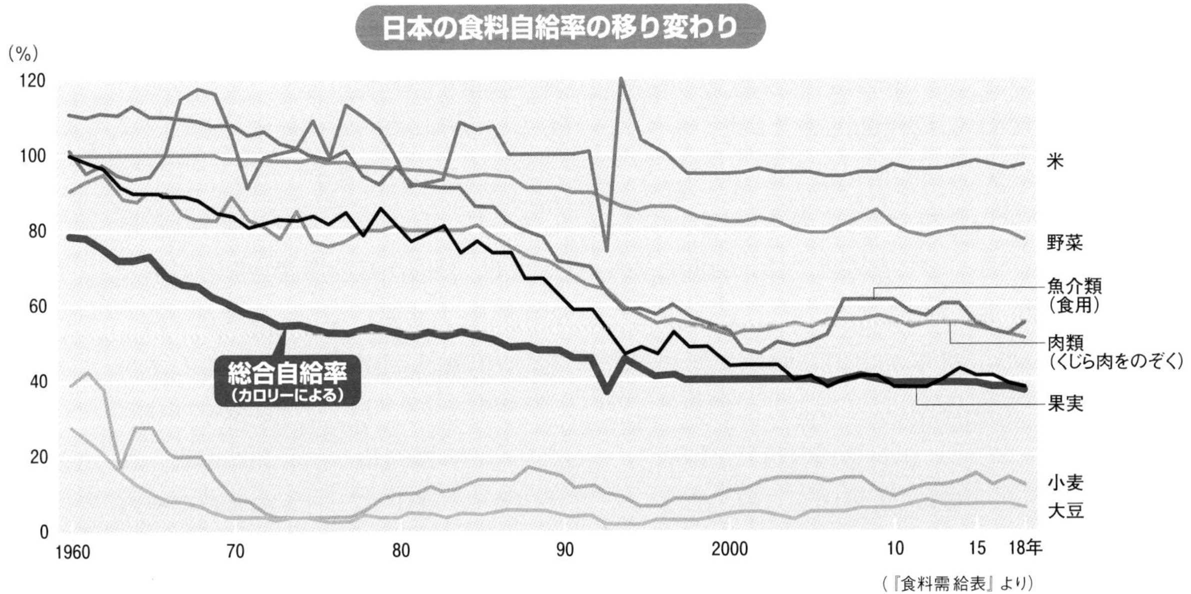

それぞれの時代の食料管理のむずかしさ

私たちの祖先が米づくりを始めてから二千数百年たちます。米づくりが始まる前は、魚やけものをとったり、木の実をとったりして食料を得ていました。しかし、米をつくり始めることによって、食料生産を管理することができるようになったのです。

食料生産を自分たちで管理できるようになっても、食料がじゅうぶんに足りていたという証拠はありません。それどころか、米づくりが始まって1000年ほどたったころの記録によれば、「米を蒸す道具にクモの巣がはっている」つまり米を食べることができない、という記述すらみられるのです。

そんな時代が長く続きました。今から300年ほど前の江戸時代でも、冷害が続くと飢え死にする人が数十万人も出たのです。もっと近い時代でも、米だけのごはんは貴重なものでした。

戦争がおこると米が足りなくなります。軍隊の食料が優先されるからです。米が足りなくなった国内では、何度も米騒動がおこりました。

やがて、日本が中国と戦争を始め、国内に食料が足りなくなると配給制が始まりました。国が食料の管理を始めたのです。米すらも外国から輸入していた日本にとって、戦争はたいへんなことです。食料をつくる中心になる人が戦争にかり出されたということもありますが、もともとせまい国土で十分に食料を生産できない国だったのです。

やがて戦争が終わり、外国から食料を輸入できるようになりました。もちろん、国内の食料生産農家などを保護するために、輸入できる食料は限られていました。今のように何でも輸入できるという状態ではありませんでした。不足する食料をおぎなうために輸入していたのです。それでも、食料自給率は今よりもはるかに高かったのです。

日本の食料自給率は、その後、少しずつ低下していきました。米はじゅうぶんに食べることができるようになりました。しかし、それは米以外のものから多くの栄養をとるようになったからです。「おかず」が豊富になり、米を食べる量がへったのです。そして米があまるようになったのです。また、パン食も広がっていきました。

さらに、日本の経済力が強くなるにつれて、外国からの農産物などの輸入自由化圧力も強くなり、農家を保護するために輸入制限をすることもむずかしくなったのです。今では米をはじめほとんどの農産物や魚介類が輸入されています。そして、日本の食料はその多くを外国にたよるようになっているのです。

テーマに関するおもなできごと

近年の食料政策に関するおもな年表

年	できごと
1940年	配給制が始まる
1942年	食糧管理制度ができる
1946年	戦後の食料輸入が始まる
1960年	農産物の大幅な輸入自由化が始まる
1969年	米の生産調整が始まる
	自主流通米制度ができる（→政府を通さない米の流通が可能になる）
	穀物の自給率が50%を切る
1986年	初のBSE（狂牛病）感染牛がイギリスで確認される
1989年	日本の食料自給率が50%を切る
1991年	牛肉・オレンジが輸入自由化される
1993年	冷夏により米の生産量が激減（→国内で米不足が深刻化し、米が緊急輸入される）
1995年	ミニマム・アクセスにもとづく米の部分開放
	食糧需給価格安定法が施行される（→食糧管理制度が撤廃され、新食糧法による自主流通米を基本とする新しい米の流通制度が実施される）
1999年	米が関税化により輸入自由化される
2001年	中国からの輸入農産物に対して、セーフガードが発令される
	国内で初のBSE感染牛が確認される
2003年	アメリカで初のBSE感染牛が確認され、アメリカからの牛肉の輸入を禁止（→2019年、輸入制限が完全に撤廃される）
2018年	米の減反政策が終了

●生活必需品は切符がないと買えなかった

戦争がはげしくなると、国内のいろいろな物資が不足し、生活必需品も自由に買うことができなくなりました。そのため、米をはじめ生活必需品の一戸あたりの割り当てが決められ、証明書（配給切符）がないと買うことができなくなりました。米は米穀通帳という手帳が必要で、これはなんと1981年に廃止されるまで、形のうえでは残っていたのです。

▲93年にタイ米が緊急輸入された横浜港のようす

●ミニマム・アクセスは最低輸入量

輸入米に関税をかけて輸入量制限をなくすか、関税をかけない代わりに輸入量を制限するか。日本が初めて本格的な米の輸入を開始したとき、選択したのは最低輸入量を決めて一定量の米を輸入するという方法でした。

▲スーパーにあふれている中国産の野菜

●輸入品を阻止するセーフガード

中国からの安い農産物の輸入がふえています。安い農産物が出回り価格競争がはげしくなると、日本の農家が苦しくなります。これを防ぐ方法のひとつが輸入制限なのです。

5

食料

今日のごはんはだいじょうぶ？

食品ロス

食べることができたのに売れ残りや食べ残し、期限切れなどで廃棄されてしまう食品のことを**食品ロス**といいます。日本の食品ロスは約612万トン（2017年推計値）で、国民一人が毎日茶わん１杯分のご飯を捨てている計算になります。国連による世界全体への食糧援助量は約390万トン（2018年）ですから、日本の食品ロスはその1.6倍にあたるのです。

国連では、SDGs（持続可能な開発目標）の１つに「食料の損失・廃棄の削減」をあげています。日本でも2019年に食品ロスの削減を推進する法律が成立し、削減に向けて、国・自治体や事業者、消費者などがそれぞれの立場で取り組むことが求められているのです。

遺伝子組み換え食品

特定の遺伝子を作物に組みこんで、改良された作物を**遺伝子組み換え作物**といい、遺伝子組み換え作物を原料とする食品を**遺伝子組み換え食品**といいます。除草剤に耐性をもつ作物、害虫抵抗性をもつ作物などがすでに開発されていますが、食品としての安全性と遺伝子組み換え作物の栽培が生態系へおよぼす影響が心配されています。日本では、ＪＡＳ法によって、大豆、トウモロコシ、ジャガイモ、ナタネ、綿実、アルファルファ、テンサイ、パパイヤの８品目を原料とする食品について、遺伝子組み換え作物を使用しているかどうかについて表示することが義務づけられています。

遺伝子組み換えのしくみ

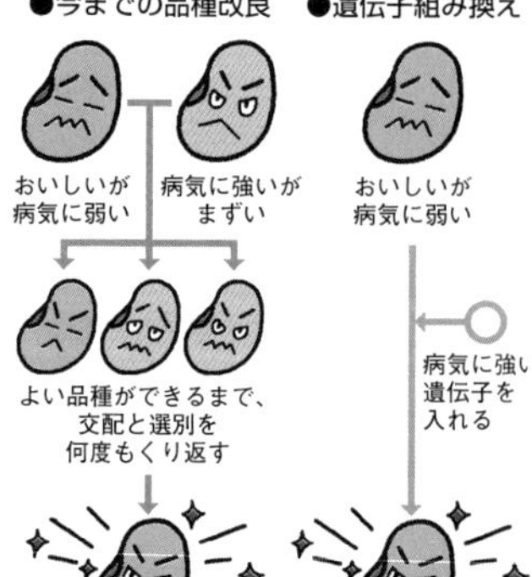

▲スーパーの豆腐についている遺伝子組み換え大豆を使っていないという表示

食品トレーサビリティ

トレーサビリティは日本語で「追跡可能性」のことで、「食品がいつ、どこで作られ、どのような経路で私たちの食卓に届いたのか」をたどれることを食品トレーサビリティといいます。食品トレーサビリティは、食品の安全性に問題が生じたとき、その原因究明や問題食品の追跡・回収を容易にします。

日本では、2003年６月、**BSE**の発生に対応して、牛肉トレーサビリティ法が成立し、すべての牛に個体識別番号をつけることが義務づけられました。これにより、スーパーや肉屋などで牛肉を買うとき、しめされた識別番号をもとにインターネット検索すれば、牛肉の履歴を知ることができるようになりました。

さらに、残留農薬が見つかるなど食用にできなくなった**事故米**が、食用として転売されていた事件を受けて、2010年からは、米トレーサビリティ法も施行されました。米や米の加工品の生産、販売、輸入、加工、提供などにかかわるすべての人が、取り引きの記録を残したり、消費者に産地情報を伝達したりすることを義務づけられています。

入試によく出る時事キーワード

家畜の病気

家畜がかかる病気には数多くの種類がありますが、発生の予防や病気の拡散防止にとくに気をつけなくてはならない伝染病がいくつかあります。

たとえば、**BSE（牛海綿状脳症）**がそのひとつです。牛の脳がスポンジのようになる、立てなくなる、奇声を発するなどの症状を経て、最後には死にいたるという病気で、狂牛病はその俗称です。1986年にイギリスで初めて見つかり、日本では2001年に初めて発生しました。アメリカでBSEに感染した牛が見つかったときには、日本政府はアメリカからの牛肉の輸入を2003年から4年にわたって停止しました。

そのほかにも家畜の伝染病には、**口蹄疫**、**鳥インフルエンザ**、**豚コレラ**などがあります。

アメリカでは日本ほどきびしい検査を行っていなかったんだ。だから、日本政府は牛肉の輸入を停止したんだよ。

フェアトレード

フェアトレードは日本語に訳すと「公平な貿易」です。産業の発達した先進国が、発展途上国の農産物などを安い値段で大量に買いつける形の貿易は、途上国の貧困を拡大することがあります。しかし、フェアトレードでは、発展途上国の原料や製品を適正な価格で継続的に購入することにより、その国の生産者が生活を向上させ、自立できることを目指します。

日本でもフェアトレードの取り組みは広がっており、コーヒー、チョコレート、バナナ、綿製品など、多くのフェアトレード認証製品が見られるようになりました。

フードマイレージ

フードマイレージは、輸入食料の環境に対する負荷を数量化するために考案された指標で、**「輸入相手国別の食料輸入量×輸入国から輸出国までの距離」**で計算し、t・km（トン・キロメートル）で表します。

農林水産政策研究所の試算（2010年）では、日本のフードマイレージは約8700億t・kmで、国内の貨物輸送量に匹敵し、アメリカ合衆国や韓国の約3倍、人口1人あたりでもアメリカ合衆国の約7倍ときわめて高くなっています。このような環境に対する負荷を軽減するためには、食料自給率を高めること、国内でも「**地産地消**」（地元の食料を地元で食べること）を推進することが大切です。

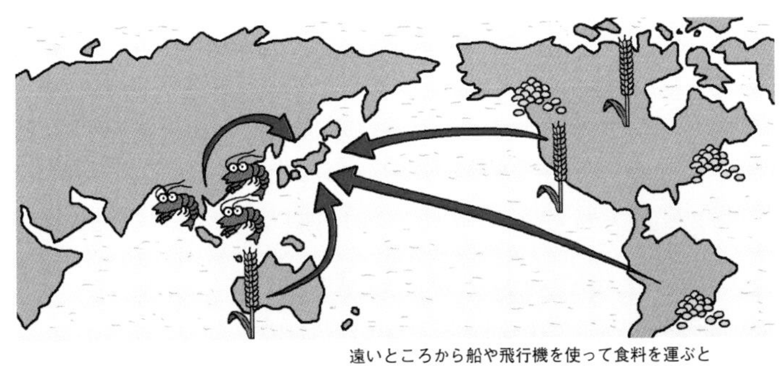

遠いところから船や飛行機を使って食料を運ぶとそれだけ空気をよごすことになるんだね。

人口の変化と私たちの未来

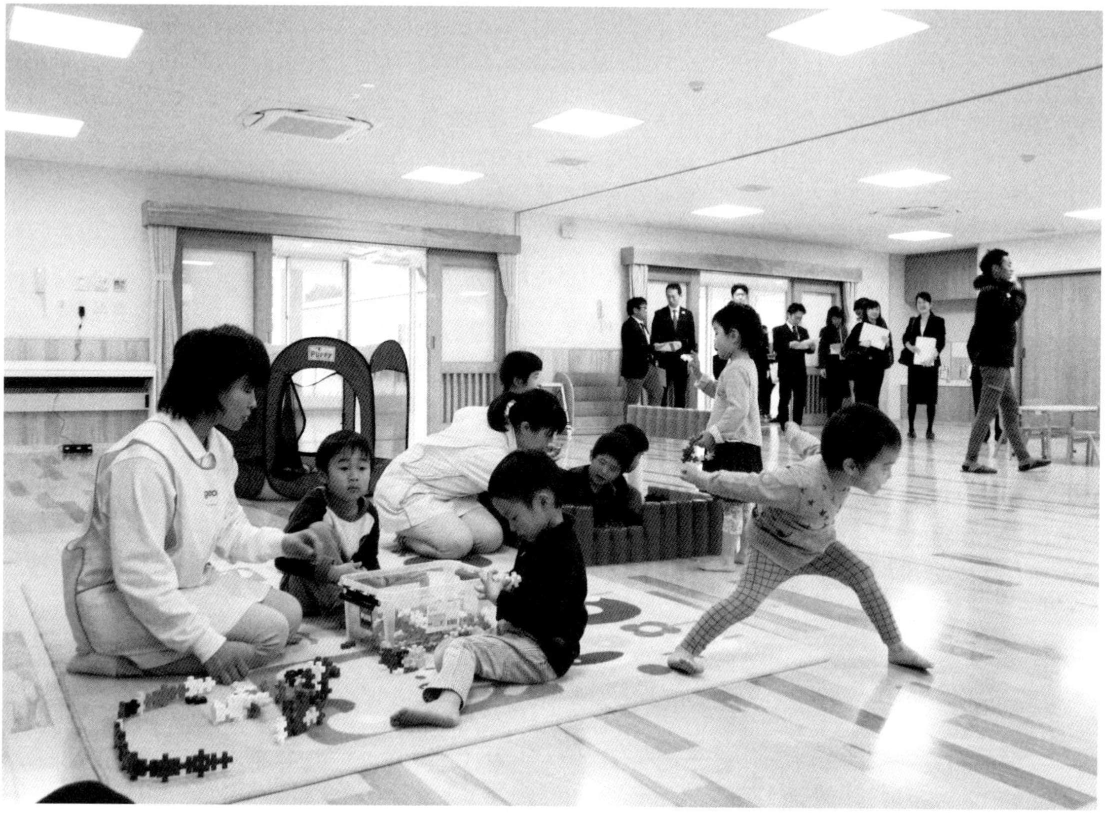

元気なお年寄り

「この間、バスに乗っていたら若い人が席をゆずってくれたんだ。」

「優先席かい？」

「いや、ふつうの席だったけど。でもね、そのあと、次の停留所でおばあさんが乗ってきたんだけど、優先席にすわっている人たちはだれも立とうとしない。だから、こっちによんで席をゆずったんだ。」

「へえ、君よりもだいぶお年寄りかい。」

「うーん、最近のお年寄りは歳がよくわからないな。70は超えていたと思うけれど。」

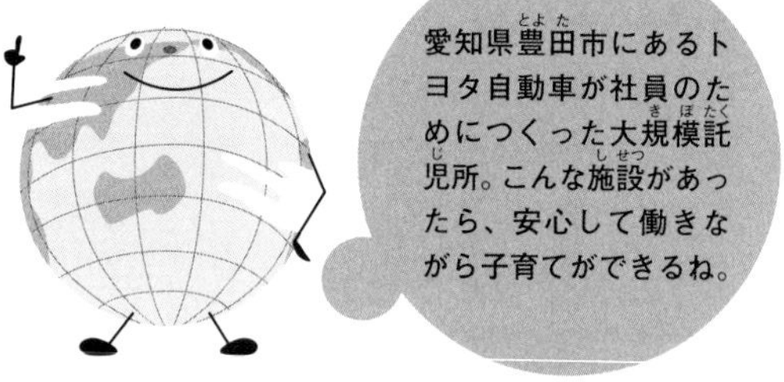

愛知県豊田市にあるトヨタ自動車が社員のためにつくった大規模託児所。こんな施設があったら、安心して働きながら子育てができるね。

「えっ、君だって72だろ…」

人によってちがうでしょうが、昔のお年寄りと今のお年寄りはちがう、といわれます。たしかに、元気なお年寄りがふえています。

ところでお年寄りとは、いくつぐらい

テーマ 少子高齢化の問題

現代の日本は世界で最も長生きの国です。しかし、産まれてくる子どもの数がへり、お年寄りがふえている高齢社会には、新しい社会のしくみが求められているのです。

からの人なのでしょうか。人口調査では、65歳以上を高齢者としています。今、日本では総人口の約30％が高齢者です。まさに、高齢社会になっているのです。

子どもが少なくなった社会

高齢者の割合の増加に対して、0～14歳の子どもの数の割合は小さくなっています。もちろん実際の人口もへっています。

生まれてくる子どもの数がへっているのです。生まれてくる子どもの数がへっているのは、1人の女性が一生の間に産む子どもの数が少なくなっていることに大きな原因があります。こうした現象を少子化といいます。

少子高齢化の問題

子どもが少ないと何が困るのでしょうか。最も大きな問題は、年金などによってお年寄りの生活をささえる労働人口（15～64歳）が少なくなる、ということです。労働人口一人あたりの負担が大きくなる、ということでもあるのです。

しかし、少子高齢化は進んでいます。子どもの数をふやそうとしても急にふえるわけではありません。そして、働きたい、というお年寄りもたくさんいます。今の日本がかかえる最大の問題は、高齢化の速さに社会のしくみが追いついていない、ということなのです。

日本の年齢層別の人口割合の移り変わり

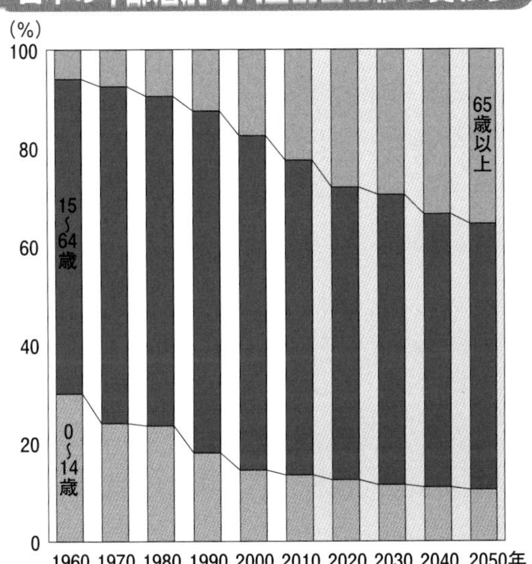

日本の総人口の移り変わり

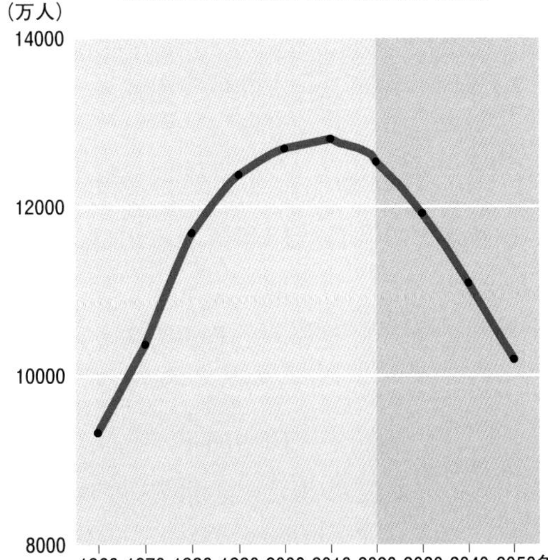

（2020年以降は推計値。『日本国勢図会』より）

人口の変化と私たちの未来

少子高齢化

生活の変化が生み出した、人口爆発と高齢化

1800年の世界の人口は、だいたい9億人ほどでした。それから50年たたないうちに10億人を超え、1940年には20億人をはるかに超えていました。それから20年もたたずに30億人を超えてしまいました。さらに2000年になる直前に60億人を超えました。40年ほどで倍になったのです。

どうしてこんなに急にふえたのでしょうか。

もう少しくわしく調べてみましょう。

昔からアジアは世界の全人口の半分を超えるほど人口の多い地域です。しかし、人口が急速に増加した1800年代は、ヨーロッパやアメリカの人口増が目立ちます。産業革命による生活の変化や、保健・衛生の普及、医学の進歩などさまざまな理由が考えられます。

20世紀半ば以降、ヨーロッパやアメリカの人口は安定するようになりました。それに代わってアジアやアフリカの人口が急速に増加してきたのです。アジアやアフリカの人口急増の原因は、19世紀のヨーロッパと同じように、保健・衛生の普及によるところが大きくなっています。それにしても、もともと人口の多い地域の人口増加率が高まるとどうなるのでしょうか。世界人口の急増、つまり「人口爆発」です。

人口爆発はいろいろな問題を引きおこします。なかでも、食料をどうやって手に入れるか、という問題は深刻です。また、食料をつくるために、自然を破壊する、という問題もあります。

ところで人口爆発だけが世界人口の問題ではありません。世界全体で高齢化が進んでいるのです。

世界全体の高齢人口（65歳以上）は、1950年には1億2882万人で世界総人口の5.1％でした。しかし、2020年には7億2761万人となり、総人口の9.3％になっています。さらに、2060年には約18％になると考えられています。

この原因は、もちろん、ヨーロッパや日本などの高齢化によるところが大きいのですが、発展途上国でも高齢化が進んでいるのです。

発展途上国の高齢者割合は、2015年は6.4％です。しかし、2060年には16.3％になると考えられています。

世界全体の人口が急増し、しかも、高齢化が急速に進んでいます。発展途上国は高齢者に対する社会的なしくみも整っていません。そのため、多くの高齢者が貧しい生活をしていると考えられています。こうした問題に立ち向かうことが、世界の国ぐにに、今、求められているのです。

テーマに関するおもなできごと

人口に関するおもなできごと

年	できごと
670年	初めて全国的に戸籍をつくる（庚午年籍）
1871年	「戸籍法」による全国戸口調査が行われる
1912年	日本の総人口が5000万人を超える
1920年	第１回の国勢調査が行われる
1947～1949年	第一次ベビーブーム
1967年	日本の総人口が１億人を超える
1970年	65歳以上の高齢者人口の割合が総人口の７％を超える
1971～1974年	第二次ベビーブーム
1974年	世界人口が40億人を超える
1975年	合計特殊出生率が2.00を割る
1987年	世界人口が50億人を超える
1992年	合計特殊出生率が1.50になる（※合計特殊出生率は女の人が一生の間に産む子どもの数をしめしたもの）
1997年	65歳以上の高齢者人口の割合が年少人口（０～14歳）の割合を超える
	70歳以上の人口の割合が総人口の10％を超える
1999年	15歳未満の年少人口の割合が総人口の15％を割る
	世界人口が60億人を超える
2005年	65歳以上の高齢人口の割合が総人口の20％を超える
	総人口が戦後初めて前年を下回る
2012年	世界人口が70億人を超える
2013年	65歳以上の高齢人口の割合が総人口の25％を超える

●日本最初の戸籍は何のためにつくられたか

明治時代以前、税の主役は米でした。税を米でとるためには、農民が耕す土地をきちんと決めておかなければなりません。農民が耕す土地は、時代によって異なりますが、最初の戸籍がつくられたころは国から貸しあたえられていました。その広さは家族の人数によって異なります。そのために戸籍が必要になったのです。

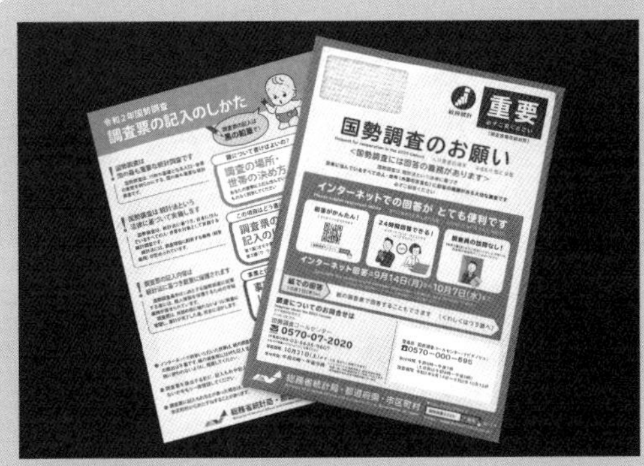

▲国勢調査で配布された調査書の一例

●国勢調査はどのように行われるか

５年ごとに行われる国勢調査では、日本の人口や世帯、産業の構造などがどうなっているのかを調べます。調査は日本国内に常住している人に対して行われるため、住居のない人も調査対象になります。

▲人口が急増するインド。ハイデラバードの商店街

●どこまでふえるか、世界の人口

国際連合では、2050年には世界の人口が90億人を超えると予測しています。こうした人口増加は、とくにアジアやアフリカの発展途上国の急激な人口増加が原因です。また、2050年には、65歳以上の高齢者の５人のうち４人は発展途上国の住民になると予測されています。

人口の変化と私たちの未来

高齢社会

ふつう、人口の統計では、15歳未満を年少人口、15歳以上65歳未満を生産年齢人口、65歳以上を高齢者（老年）人口と分けています。高齢者人口の割合が、人口の14%以上21%未満の状態を**高齢社会**（それ以上は超高齢社会）といい、現在、高齢人口が28.4%（2019年）となっている日本は超高齢社会になっています。日本はほかの高齢社会の国にくらべると、**高齢化がきわめて早く進んでいて**、高齢化にともなう問題への対応が急がれています。

たとえば、ふくらむ高齢者の医療費の問題、高齢者の生活を社会保険でささえるしくみである年金の財源の問題、介護の問題などがあります。

少子化

少子化をあらわす指標のひとつが**合計特殊出生率**です。この出生率が2.07人を切ると人口が減少に向かうといわれており、1974年以来、日本は上回ったことがありません。

現在の日本の合計特殊出生率は1.36人（2019年）で、全人口における年少人口（0～14歳）の割合は12.1%（2019年）です。

少子化の原因には、次のようなことが考えられます。①仕事をもつ女性がふえたのに、夫婦がともに働きながら育児をする環境が整っていないこと。②高学歴化が進み、子ども一人ひとりへの教育費がふえたこと。③非正規雇用など、経済的に不安定な若者がふえ、結婚や出産に積極的になれないこと。などです。

このような状況に対し、政府は2004年に**少子化対策基本法**を施行したほか、男性が出産後の休暇を取得することを推進する、待機児童ゼロを目指して保育園増設を進めるなど、対策に力を入れています。また、2007年からは内閣府に**少子化担当大臣**が置かれるようになっています。

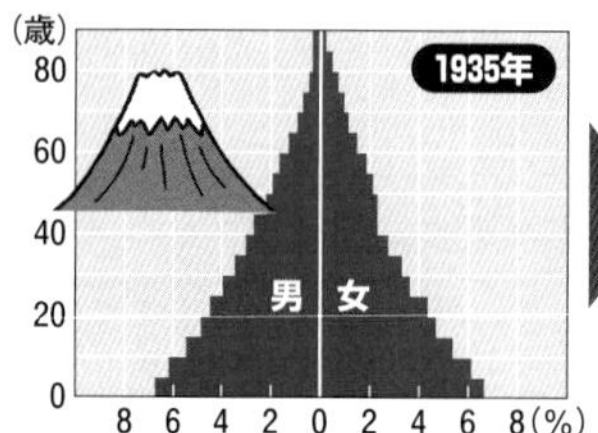

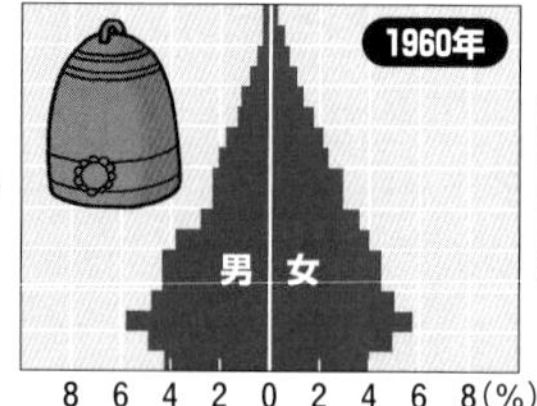

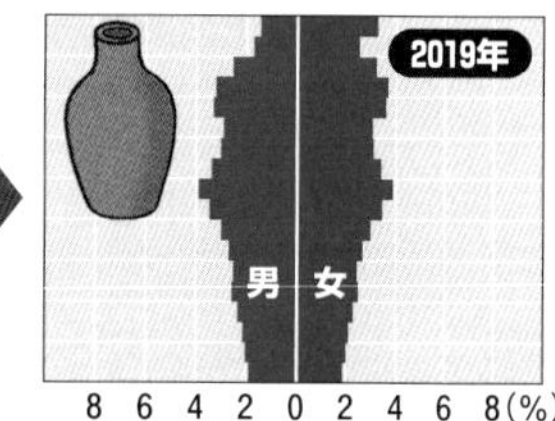

人口構成は、社会が発展するにつれて、富士山型→つりがね型→つぼ型へと変化していくんだ。（『日本国勢図会』より）

人口減少社会

出生数を死亡数が上回り、人口が減少し続けている社会のことです。日本の総人口が前年の推計値にくらべて戦後初の減少に転じたのは、2005年でした。その後、数年間は横ばいでしたが、2008年からは人口が継続して減少してきています。今後、社会がどのように変化するのか不透明な中、働き方の見直しや地域社会のあり方が重要な課題です。

入試によく出る時事キーワード

介護保険

高齢者などの介護費用は、かつては本人や家族が負担していました。それを社会保険のしくみによって社会全体でささえていこうとする制度が2002年に始まりました。これが**介護保険**です。介護保険制度は、市町村や特別区（東京23区）によって運営され、40歳以上の人が保険料を支払います。そして、おもに65歳以上で要介護認定を受けた人が、費用の一部を支払うことで介護保険サービスが受けられるようになります。

介護を必要とする人は今後いっそうふえると予想されますが、少子化のため若い世代の負担が拡大していくことになると考えられます。また、制度があっても使い方がわからない高齢者が多かったり、介護職にたずさわる人が不足していたりと、介護保険制度は多くの課題をかかえています。

介護保険のしくみ

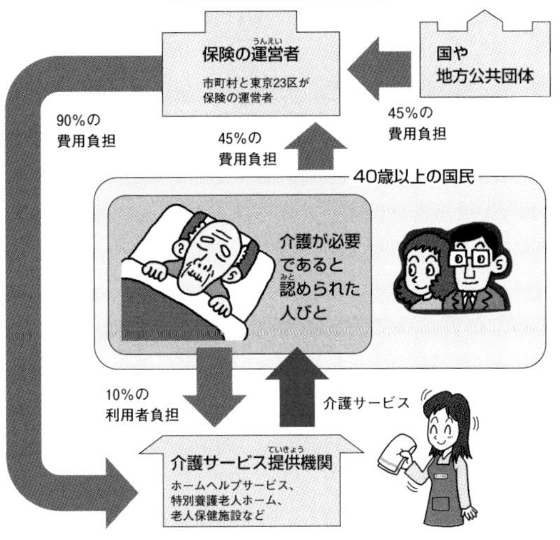

バリアフリー

心や体に障がいがある人や高齢者が生活をしていくうえでの、障壁（**バリア**）が取りのぞかれた状態のことです。

障壁には、①建物の構造や交通機関など物理的な障壁、②障がいがあると資格が取れないなどといった制度的な障壁、③障がいがある人を差別するというような意識の障壁、④点字、手話、音声案内、字幕がないなどの文化・情報の障壁があります。

▲駅のホームにできたエレベーター

▲横断歩道にある点字ブロック

合計特殊出生率

合計特殊出生率とは、１人の女性が、一生のうちに出産する子どもの数のことです。

出生率は15～49歳の女性を対象に調査・算出するので、実際に１人の女性が一生の間に産む子どもの数は、その女性が50歳くらいに到達するまで算出できません。ですから、ある年における15歳から49歳までの各年齢の女性の出生率を合計して算出します。

合計特殊出生率が2.07人を切ると人口が減少に向かうといわれます。２人の親から２人の子どもが生まれれば人口が維持できるということにもとづいた数値です。

パンデミックで世界が変わる!?

感染症ってなんだろう

かぜをひいたらマスクをする。家から出ないようにする。これはあたりまえのようにやっていることです。なぜそのようなことをするのかというと、人にうつさないようにするためです。ウイルスなどのさまざまな病原体を通して感染する病気を感染症といいます。この感染症は実は大昔から人類をなやませてきたのです。2020年に世界的な大流行となった新型コロナウイルス感染症もこうした感染症の一種です。

冬になると流行するインフルエンザもこわい病気で、毎年1万人以上の人が亡くなっています。しかし、新型コロナウイルスの感染はそれどころではありません。2019年に中国で感染が確認されて以来、世界中へまたたく間に広がり、パンデミック（世界的大流行）を引きおこしたのでした。このパンデミックは、2020年だけで8000万人以上の人が感染し、180万人を超える数の人が亡くなるというものでした。

パンデミックの影響

パンデミックの影響は、病気そのもの

テーマ 感染症の問題

中国で発生した新型コロナウイルス感染症は、短期間で世界中に広がり、多くの感染者と死者を出しました。これほど流行した理由やくらしにあたえた影響を考えましょう。

新型コロナウイルス感染症を予防するために、みんなマスクをして通勤や通学をしているんだね。

によって多くの犠牲者を出すという以外にも多方面にわたっています。2020年のパンデミックでは世界のほとんどの国で経済活動が停止するという事態をまねきました。

日本でも多くの会社が影響を受け、なかにはつぶれてしまう会社もありました。もちろん会社が影響を受ければそこに勤めている人にも影響が出ます。会社へ行かずに自宅でパソコンを使って仕事をするテレワークが、多くの会社で取り入れられました。

しかし、どのような手を使っても世界の経済は大きな打撃をさけることはできませんでした。今まで人類に知られていなかった新型コロナウイルスは、有効な治療法もなくワクチンもないまま犠牲者をふやし、2020年の世界に破壊的な傷跡を残したのでした。

現代と感染症

現代ほど、交通機関が発達して地球上の距離がちぢまった時代はありません。また、現代ほど、都市への人口集中が進んだ時代もありません。新型コロナウイルスのような感染症にとっては、拡大する絶好の機会なのです。

こうした世界の状況は、環境問題や国際紛争などだけでなく、新たな感染症のパンデミックという、古くて新しい課題を、私たちに投げかけました。現代に生き、さまざまな問題をかかえている私たちに、新型コロナウイルスのパンデミックは、生活のしかたそのものを考える機会を提供しているのかもしれません。

世界の感染者数・死者数の推移

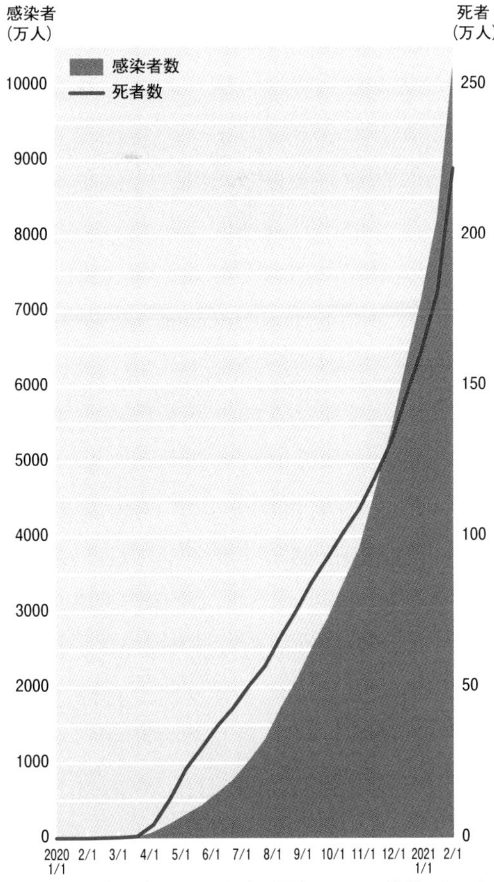

（2021年２月１日現在、累計。ＷＨＯの資料による。）

感染症とのたたかい

感染症の世界的な大流行は、今始まったことではありません。記録によると今から1500年ほど前に、地中海沿岸地方でペストの大流行がありました。数十年続いたこの大流行によって、およそ5000万人の人が亡くなったといわれています。

感染症は、大昔から人類をなやませてきました。しかし、現代ほど人口も多くなく、人びとが密集して生活もしていなければ、活動範囲もくらべものにならないくらいせまかった時代です。感染の広がりも今ほど広くもなく急速でもなかったことでしょう。ただ、今のように医療が発達した時代ではなかったので、感染は長期間にわたったのでした。最初に述べたペストの大流行は完全に終わるまで200年ほどかかりました。

こうした感染症とのたたかいは古くから行われてきました。このたたかいに勝利した有名な例として18世紀末、イギリス人の医師エドワード・ジェンナーによって行われた牛痘接種（種痘）があります。天然痘のワクチンが誕生したのです。その後、ワクチン接種はヨーロッパ全土に広がっていきました。日本でも1950年代までには天然痘患者は見られなくなりました。

しかし、アフリカや南アジア、南アメリカなどでは20世紀後半になっても天然痘による死者はあとを絶ちませんでした。天然痘根絶を目指す人びとは、WHO（世界保健機関）を中心にワクチン接種などの活動を世界規模で行いました。その結果、1980年には、WHOによって天然痘の根絶が宣言されました。

天然痘は根絶できたものの、おそろしい感染症は今でも数多く存在します。不衛生な環境で広がるコレラ、これまでに何度も世界的な大流行をしてきたペスト、最近ではエイズやエボラ出血熱など、多くの感染症がたくさんの人びとの命をうばってきたのです。新型コロナウイルスが、これらの感染症と同じように、今後たびたびくり返す感染症となるかどうかはわかりません。しかし、少なくともかつてない速さと規模で広がってしまったことは事実です。さらに、世界中の人びとの生活を流行以前とは異なるものに変えてしまったのでした。

テーマに関するおもなできごと

感染症に関するおもなできごと

年	できごと
737年	日本で天然痘が大流行
1347～1351年	ヨーロッパで史上最大規模のペスト大流行(人口が半減。17世紀まで残る)
1798年	種痘法の確立(ジェンナー)
19世紀	イギリスで結核が流行
1873年	らい菌発見(ハンセン)
1876年	日本で種痘が義務化される
1882年	結核菌の発見(コッホ)
1883年	コレラ菌の発見(コッホ)
1890年	破傷風の血清療法の発見(北里柴三郎)
1893年	コレラワクチンの開発(パスツール)
1894～1922年	ペストの世界的大流行
1897年	赤痢菌の発見(志賀潔)
1918年	黄熱病の病原体発見とワクチンの開発(野口英世)
1918～1919年	スペインかぜの世界的大流行
1928年	ペニシリンの発見(フレミング)
1646年	ストレプトマイシン(結核菌の特効薬)の発見(ワックスマン)
1957年	日本で「結核予防法」が改正される(ツベルクリン検査、BCG接種が公費負担となる)
1954年	麻疹(はしか)ウイルスの発見
1966年	日本で麻疹予防ワクチンの接種始まる
1968年	香港かぜ(インフルエンザ)が世界で流行。現在でも流行をくり返す
1976年	エボラウイルスの発見
1983年	エイズ(後天性免疫不全症候群)ウイルスの発見(1981年以降の死者数は約3200万人)
2001年	日本でハンセン病元患者が「らい予防法違憲国家賠償請求訴訟」に勝利する
2009年	WHO、新型インフルエンザでパンデミック宣言
2020年	WHO、新型コロナウイルスでパンデミック宣言

●平城京でも大流行

政権を担う藤原不比等の息子 4 人も亡くなりました。

▲19世紀のイギリスの炭鉱で働く少年

●産業革命による人口集中と環境汚染

産業革命により、炭鉱労働者や工場労働者が密集したきびしい労働環境で働かされたために結核が流行しました。

●北里柴三郎がペスト菌を発見

中国南西部から香港を経て、日本をふくむアジア一帯にペストが広がりました。1896年、感染が広がる中国の香港で北里柴三郎がペスト菌を発見しました。

北里柴三郎▶

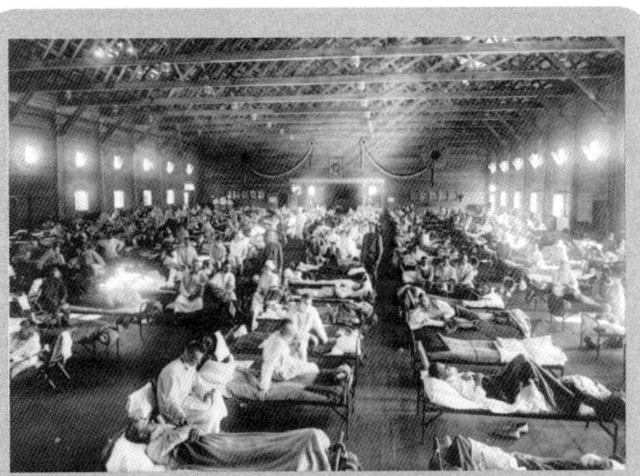

▲スペインかぜの患者であふれる救急病院(1918年)

●第一次世界大戦にも影響

世界人口の 3 分の 1 が感染。日本でも2000万人を超える感染者を出し、死者は39万人におよびました。

パンデミックで世界が変わる!?

コロナウイルス

コロナという名には「王冠」という意味があります。コロナウイルスはその形が王冠に似ていることから名づけられました。

人に感染するウイルスとしては、これまで6種類のものが知られていました。そのうち4種類は季節性のかぜの原因となるもので、1960年代に最初に発見されました。2種類は重症肺炎ウイルスで、2000年代に入ってから発見されました。

この重症肺炎ウイルスには、**SARS**（重症性呼吸器症候群）コロナウイルスと**MERS**（中東呼吸器症候群）コロナウイルス）があります。

SARSコロナウイルスはコウモリのウイルスが人に感染したものと考えられています。感染すると高熱、肺炎、下痢などの症状をあらわし、肺炎の重症化によって死にいたることもあります。2002年に中国で発生し、2003年にかけて30を超える国や地域に拡大しました。

MERSコロナウイルスはヒトコブラクダにかぜの症状を引きおこすウイルスで、人に感染すると重度の肺炎を発症させることがあります。2012年にサウジアラビアで人への感染が発見され、その後27か国に感染が拡大しました。

今回の**新型コロナウイルス**は、SARSコロナウイルスに近縁ではあるものの別の種類のウイルスで、人に感染する7番目のコロナウイルスであり、3番目の重症肺炎ウイルスということになります。

2019年に中国の武漢で発生が確認され、その後またたく間に世界中に感染が拡大しました。感染者数や死者数は、SARSやMERSとは比較にならないほどの多数で、その影響は各国の産業にもおよび、世界経済にかつてないほどの打撃をあたえました。

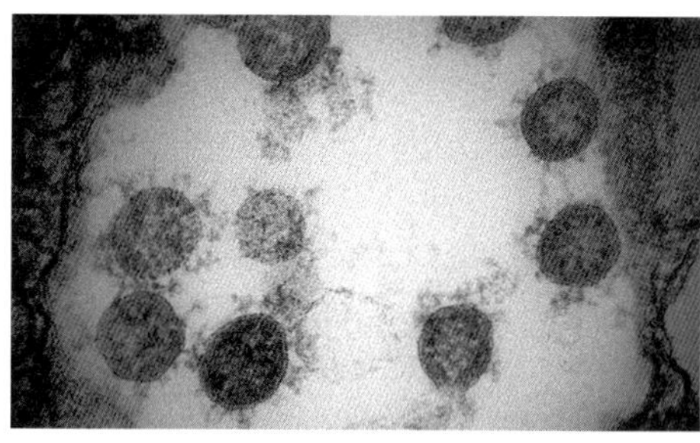
◀コロナウイルス

世界保健機関（W HO）

世界保健機関はジュネーブに本部を置く、1948年に設立された**国際連合**の専門機関です。

世界保健機関の目的は、「すべての人が可能な最高レベルの健康を達成できるようにすること」とされています。その目的を実現するため、保健についての国家間の技術協力を促進し、病気を管理かつ撲滅する事業計画を実施し、生活の質の改善に努める取り組みを行っています。

▲WHOのマーク

入試によく出る時事キーワード

ワクチンの意味

感染症にかかると、体内に病気の原因となる**病原体**（ウイルスや細菌）に対する**免疫**ができます。そのしくみを利用して人工的に免疫をつくり、感染症を予防する医薬品をワクチンといいます。

ワクチンには病原性を弱めた生ワクチンと、病原体を構成する物質などをもとにつくった病原性のないワクチンがあります。

生ワクチンの代表的なものはBCG（結核）です。病原性のないワクチンとしては、インフルエンザや日本脳炎などの不活化ワクチンが知られています。そのほか、新型コロナウイルスに対して開発された、遺伝情報を投与するmRNAワクチンなどがあります。

感染症予防法（1998年）

2020年２月に新型コロナウイルスによる感染症は「**指定感染症**」に定められました。指定感染症と定めた法律は、1998年にそれまでの「伝染病予防法」に代わって制定された「**感染症予防法**（感染症の予防及び感染症の患者に対する医療に関する法律）」です。

この「感染症予防法」は、感染症の発生を予防し、さらに感染症の広がりを防ぐことを目的として、症状や感染力によって一類から五類までを定めています。そのほか、新感染症、新型インフルエンザ等感染症があります。

今回指定された新型コロナウイルス感染症は、二類感染症と同じあつかいを受けることになります。二類感染症は一類感染症ほど感染力は強くないものの、死亡率は一類感染症に次いで高いものです。

感染症のおもな種類

●一類感染症
エボラ出血熱、クリミア・コンゴ出血熱、ペスト、ラッサ熱ほか

●二類感染症
急性灰白髄炎（ポリオ）、結核、ジフテリア、SARS、MERS、鳥インフルエンザ（H5N1など）ほか

●三類感染症
コレラ、細菌性赤痢、腸管出血性大腸菌感染症，腸チフスほか

●四類感染症
狂犬病、デング熱、発しんチフス、マラリアほか

●五類感染症
インフルエンザ、梅毒、破傷風、百日ぜき、風疹、麻疹（はしか）、水痘、流行性耳下腺炎（おたふくかぜ）ほか

●指定感染症（期限つき）
新型コロナウイルス感染症

感染症とたたかった日本人医学者

●北里柴三郎（1853～1931年）

ドイツに留学し、コッホのもとで学ぶ。留学中に破傷風菌の純粋培養に成功し、血清療法も始める。その後、ペストが流行した香港に派遣され、ペスト菌を発見。

また伝染病研究所、北里研究所などを設立し、多くの後輩を育成したことでも知られ、「日本の細菌学の父」とよばれる。

●志賀潔（1870～1957年）

北里柴三郎の弟子で赤痢菌を発見する。世界初の結核のＢＣＧワクチンを日本に導入。

●野口英世（1876～1928年）

北里柴三郎の弟子で蛇毒や梅毒の研究で知られる。黄熱病の研究中に感染して死亡。

ITが私たちの未来を変える

歩きながら電話

突然「カシャッ」。大きな音が聞こえたと思ったら、写真を撮られていました。カメラを持っていないのに、どうして？

うしろから、突然声をかけられたと思ったら、うしろにいた人が電話していました。

そんな経験をしたことはありませんか。

携帯電話を多くの人が持つようになって、どこでも電話を使えるようになりました。しかも、ただ話すだけでなく、メールをしたり、写真を撮ったり、いろいろな情報を調べたり、テレビを見たり、

アメリカのIT企業、グーグル、アップル、フェイスブック、アマゾンのロゴやアイコン。ぼう大な情報（ビッグデータ）をもつ巨大企業だ。

何でもできるようになっています。

あまりにも便利な機械、しかも小さく持ち運びに便利、となればみんなが持ち歩くのはあたりまえ。携帯電話がなければ生活できないという人も大勢います。でも、こんなに多くの機能がついて本当に全部使いこなせるのでしょうか。

テーマ

情報化社会の問題

現代は情報化社会といわれています。あらゆる情報がはんらんする社会には、個人のプライバシー保護や、正しい情報の選択など、さまざまな課題がつきつけられています。

知りたいことを調べる方法は

知りたいことがあったら、何で調べるのでしょうか。最近は、インターネットで何でも調べることができます。知りたいことばを打ちこめば、あっという間に無数の情報が手に入ります。

昔は、本を読んだり、百科事典で調べたり、けっこう手間をかけて調べていました。今は、そんな手間はいりません。パソコンの前にすわっているだけで、それこそ世界中の情報を手に入れることができるのです。しかも、インターネットは双方向です。こちらから情報を送ることもかんたんにできます。

個人情報保護というけれど

いろいろな情報があふれている現代を情報化社会といいます。たしかにとても便利な社会です。しかし、情報化が進んだ結果、別の問題がおこってきました。

無数の情報のうち何を選ぶかということがとてもむずかしくなったのです。情報が正しいかどうかを判断しにくくなってもいるのです。

さらに大きな問題として、人に知られたくない個人の情報が多くの人の目にさらされる機会がふえたということがあります。知らないうちに名前や住所、いろいろな暗証番号まで人に知られているおそれがあるのです。かくせばかくすほど情報がもれてしまうということにもなりかねないこわさもあるのです。

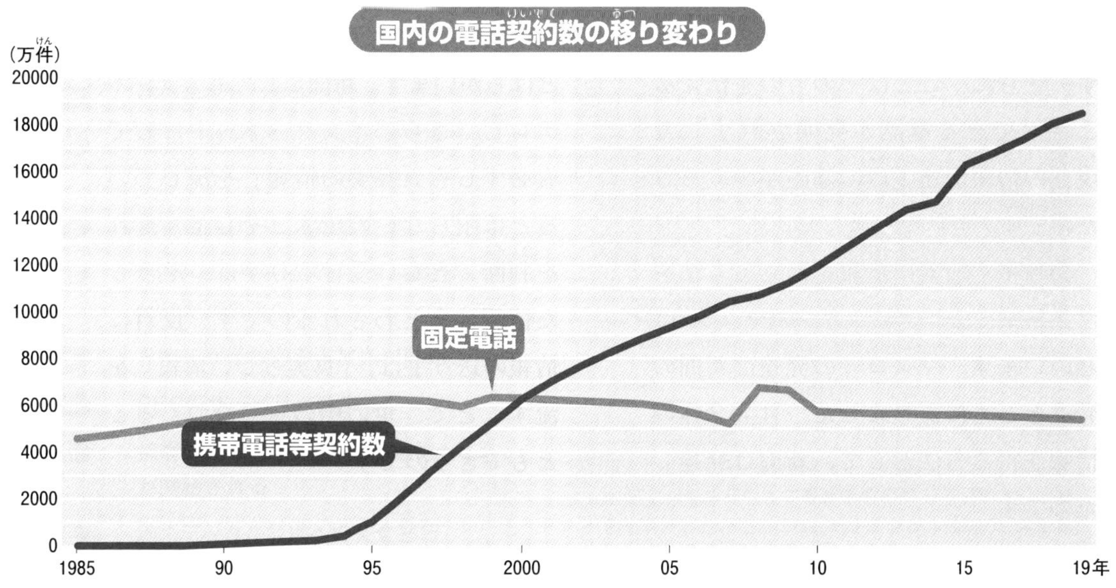

(2008年以降は固定電話に一部IP電話をふくむ。『日本国勢図会』より)

ITが私たちの未来を変える

IT革命

ITとは情報技術のことです。コンピューターの普及と**インターネット**の利用拡大によって、人びとはぼう大な情報を容易に得られるようになりました。それによって経済・社会に大きな変革がおきることを**IT革命**といいます。

1990年代半ばにIT革命がおきてから20年、情報技術はさらに進化し続けています。携帯電話や**スマートフォン**などのモバイル機器をもつことがごくふつうになり、**ブロードバンド**（高速・大容量の通信環境）も浸透し、情報産業は新たな市場を形成しました。最近では、ITにかわって**ICT**とよぶこともふえています。

ITでこんなふうにくらしが変わる

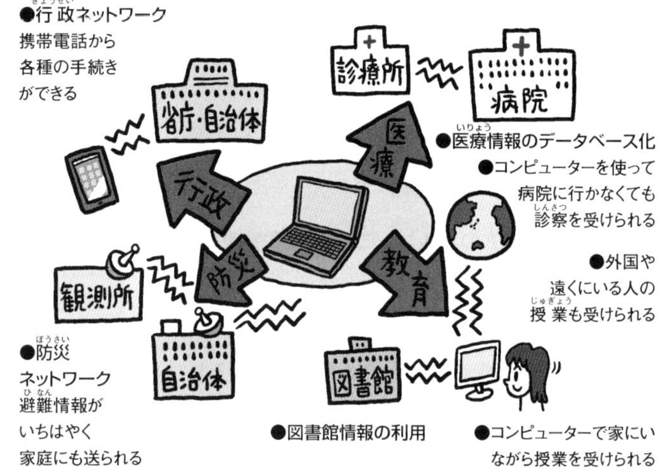
●行政ネットワーク
携帯電話から各種の手続きができる
省庁・自治体
診療所
病院
医療
行政
防災
教育
観測所
自治体
図書館
●医療情報のデータベース化
●コンピューターを使って病院に行かなくても診察を受けられる
●外国や遠くにいる人の授業も受けられる
●防災ネットワーク
避難情報がいちはやく家庭にも送られる
●図書館情報の利用
●コンピューターで家にいながら授業を受けられる

プライバシーの権利

私生活をみだりに公開されないという法的な保障や権利を「**プライバシーの権利**」といいます。

日本国憲法第13条（すべて国民は個人として尊重される）にもとづいて登場した新しい人権のひとつで、さまざまな裁判の判例を通して認められるようになっています。最近では、情報化社会の進展を背景に、自分の情報を自分がコントロールする権利として主張する見解もあり、氏名・住所・電話番号などの情報も、みだりに他者に知られたくない個人情報として、保護の対象となるとの判決も出されています。また、近年、プライバシーの侵害に対しては高額の損害賠償金が認められる傾向が見られます。

マイナンバー制度

マイナンバーとは、国から１人に１つ割り当てられる12けたの番号のことです。2015年10月から、外国籍の人をふくめ、日本に住民票があるすべての人に対してマイナンバーが通知されました。希望者は市町村に申請して、顔写真入りの個人番号カードをつくることができ、免許証と同じように身分証明書として利用することもできます。

2016年からマイナンバー制度の運用がスタートし、社会保障・税・災害対策の３分野に関する行政手続きを行うときにはマイナンバーを提示することになりました。これによって本人確認や情報の照合・管理が早く正確になり、年金の給付もれ、生活保護費の不正受給など、これまでにあったさまざまなトラブルを防止できると期待されています。

一方で、個人情報の流出や**プライバシーの侵害**を心配する声も多くあります。

入試によく出る時事キーワード

インターネット

世界各国のコンピューター通信網を、電話回線・衛星回線・専用回線などを利用して相互に接続した巨大なコンピューターのネットワークが**インターネット**で、世界の情報を大量に、しかも瞬時に入手でき、また、情報の発信も容易にできます。

インターネットの始まりは、1960年代、アメリカで、政府や軍の主要研究機関を結ぶ破壊されにくいコンピューター・システムを開発したことです。インターネットの普及は経済的・文化的な発展をもたらしていますが、その普及率は国や地域によって差異があり、得られる情報量の格差（**デジタル・デバイド**）が問題となっています。

また、インターネットは情報の発信源が特定しにくい特性があり、その悪用を防ぐ対策が緊急の課題になっています。

通信衛星の電波や海底ケーブルを通して、情報はたくさんの国を行き来しているんだね。

デジタル放送

映像や音声をデジタルデータに変換して送出する放送を**デジタル放送**といいます。従来のアナログ方式にくらべて、多チャンネル、高画質・高音質で、双方向番組を楽しむこともできます。以前は、デジタル放送といえば、放送衛星を利用する放送（BSデジタル）でしたが、2003年の三大都市圏での放送を皮切りに地上デジタル放送が拡大し、2011年には全国でアナログ放送を停止して、デジタル放送に移行しました。

※岩手・宮城・福島の各県では2012年に移行。

SNS

SNSとはソーシャル・ネットワーキング・サービスの略で、インターネットを利用して個人や組織が情報を発信し、交流が広がるように設計されたメディアです。発信する内容は自分の近況や写真などが多く、友人・知人や同僚などとの交流を気軽にはかることができます。

世界で利用者が多いSNSは、フェイスブックやユーチューブ、ツイッター、インスタグラムなど。日本国内では、LINE、ツイッター、フェイスブックの利用者が多くなっています。

これらのSNSは毎年利用者が増加しているうえに、低年齢化も進んでいます。

インターネット上で、ことばや情報のやりとりをするうえでのルールやマナー、危険性を知らずに利用した子どもが、トラブルや事件に巻きこまれるケースも多く、SNSの利用のしかたを小学生のうちからしっかり伝えるべきではないかという議論もおきています。

9

ゆれ動く！ 地震列島

災害大国・日本

「地震、雷、火事、おやじ」

昔からこわいものの代名詞として使われることばです。こうしたことばがあるくらい、日本は災害の多い国なのです。

たしかに雷は突然空から落ちてくるもので、原因がわからなかった昔の人にとってはとてもおそろしいものだったことでしょう。また、火事は、紙と木でできた家に住んでいた日本人にとっては、すべてをなくしてしまう災害だったのです。また、たいへんよく火事がおこったのです。

この中にはふくまれていませんが、日本に多い災害として水害もあります。梅雨や台風による大雨は、毎年、どこかで水害を引きおこします。水害は、地震とならんで日本でおこりやすい災害の代表ともいえます。

こうした災害の中でもっともおそろしいのは、なんといっても地震でしょう。地震には、直接的な被害だけでなく、火事や津波の被害もあります。事実、大きな地震がおこったとき、火事によって被害がより大きくなることもあるのです。また、津波はより広い範囲に被害をおよぼします。

テーマ

災害の問題

日本列島は災害列島ともいわれています。水害や地震などさまざまな災害がおこったとき、人びとの生活をどうやって守るかがひじょうに重要な問題になっています。

2011年におきた東日本大震災（東北地方太平洋沖地震）で、三陸地方が史上最大の高さ10mを超える大津波におそわれたんだ…

なぜ、日本は水害や地震が多いのか

日本列島の大部分は、水害や地震の被害を受けやすい位置にあります。もっとも、同じ日本列島といっても、北海道には梅雨はありませんし、台風もめったにおとずれません。本州は台風や梅雨がぎりぎりおとずれる位置にあるのです。

地震の原因はプレートや断層の動き、火山の噴火などです。日本列島は複数のプレートの上に乗っているうえ、活断層が走っており、火山もたいへん多くなっています。まさに、地震の巣のような位置にあるのです。

災害がおこったとき、必要なものは

水害や地震に限らず、災害がおこったときもっとも困るのは電気やガス、水道、電話などの、生活をささえるライフラインが寸断されることです。また、衛生状態が悪くなり、感染症が発生することもあります。

災害は、いつ発生するかわからないところにそのこわさがあります。一人ひとりがその備えをすることは大切ですが、都市そのものが災害への備えをおこたらないということも大切なことなのです。

世界のおもな火山と地震の分布図

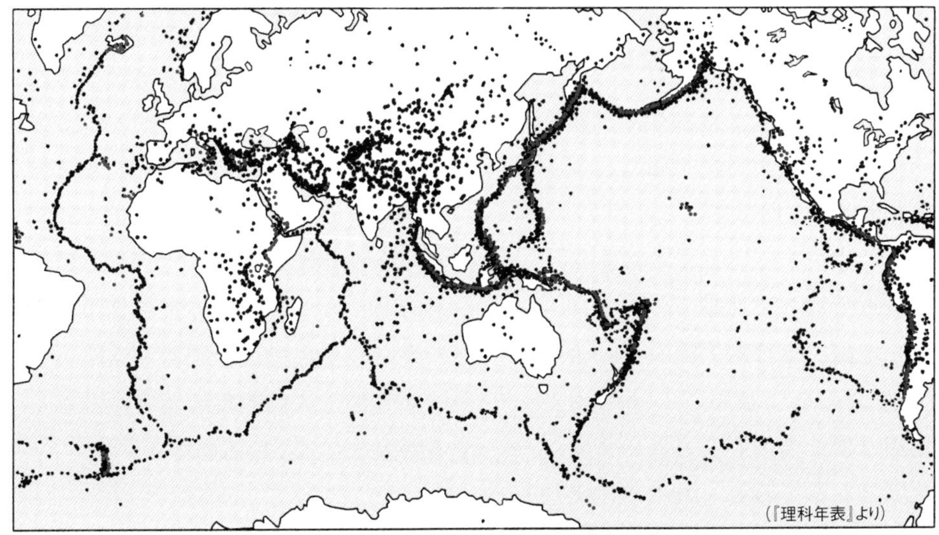
（『理科年表』より）

（●はマグニチュード4.0以上、深さ100km以下の地震。1975～94年。●はおもな火山。）

ゆれ動く！ 地震列島

自然現象が災害になるとき――脅威でもある自然

西暦79年、イタリアのベスビオ山が突然大爆発をおこしました。この噴火によって、ベスビオ山のふもとにあった都市ポンペイは火山灰に完全に埋もれてしまいました。都市ひとつが消滅したのです。

記録に残っているこうした災害以外にも、歴史が始まって以来、人類は多くの自然現象によって大きな被害をこうむってきたのです。もし、人がまったくいないところで火山の噴火や大地震がおこっても、それは災害とはならないでしょう。人になんらかの被害をあたえることから災害というのです。

ポンペイのように、自然現象が直接、災害の原因になることがあります。しかし、間接的に災害の原因になることもあるのです。日本でおこった「天明の大ききん」はとても大きな災害でした。このときは、いくつもの自然現象が重なり、米がほとんど育たなかったのです。そのため、食料が不足し、多くの餓死者を出したのです。

さらに、二次災害ということばもあります。最近では、東北地方の太平洋沖でおきた地震（東日本大震災）による津波が大災害を引きおこしました。また、地震はよく火災をともないます。地震が原因となっておこった火事による被害ということです。この二次災害が、しばしばより多くの犠牲者を出す原因を考えてみましょう。

「活断層」というものが初めて発見された濃尾地震という大地震がありました。1891年におこった濃尾地震は、愛知県と岐阜県に大きな被害をもたらしました。この地震による被害と、1923年におこった関東大地震（関東大震災）とをくらべてみましょう。

地震による直接の被害は、濃尾地震では全壊家屋８万戸、圧死者7700人に対して、関東大地震では全壊家屋10万戸、圧死者7400人と、それほど大きなちがいはありませんでした。

ところが、二次災害である火災による被害は、濃尾地震が全焼4500戸、焼死者400人に対して関東大地震は全焼38万戸、焼死者９万人以上と、まったくちがいます。その大きな原因は、当時の名古屋市が人口16万人ほどであったのに対して、東京市が約200万人、横浜市が約40万人であったということにあったのです。人口密集が生んだ悲劇といえるでしょう。

当時とくらべて人口の都市集中が極度に進んだ現代では、阪神・淡路大震災のように、人口密集も災害を大きくする原因となっているのです。

テーマに関するおもなできごと

災害に関するおもなできごと

- **1666年** イギリスのロンドンで大火災がおこり市内の約85%が消失
- **1781～1789年** 冷害や洪水、浅間山の噴火などが原因で「天明の大ききん」がおこる
- **1887年** 中国で黄河がはんらんし数百万人の犠牲者を出したといわれる
- **1906年** サンフランシスコ大地震
- **1923年** 関東大震災で火災被害もふくめ10万人以上の犠牲者が出る
- **1933年** 三陸沖地震による津波で3000人以上の犠牲者が出る
- **1959年** 伊勢湾台風で5000人以上の犠牲者が出る
- **1960年** 南米のチリで最大規模の地震が発生し、これにともなう津波で三陸海岸を中心に140人ほどの犠牲者が出る
- **1983年** 日本海中部地震による津波で100人以上の犠牲者が出る
- **1986年** 伊豆大島の三原山が噴火し全住民が島外へ避難
- **1991年** 雲仙普賢岳が200年ぶりに噴火し火砕流による被害
- **1993年** 北海道南西沖地震で奥尻島に津波被害
- **1995年** 阪神・淡路大震災で火災被害もふくめ6000人を超える犠牲者が出る
- **1998年** 長江流域や中国東北部で歴史的な大洪水がおこり被災者が２億人を超える
- **2000年** 三宅島雄山の噴火で全島民に避難指示
- **2004年** インドネシア・スマトラ島沖地震で、大津波による行方不明者もふくめ30万人以上の犠牲者が出る
- **2008年** 中国の四川で大地震がおこる
- **2010年** 中南米のハイチで大地震がおこる
- **2011年** 東日本大震災で15,000人を超える犠牲者が出る

▲「天明飢饉之図」より

●天明の大ききんの犠牲者は30万人

1781年から1789年にかけての天明年間は、多くの自然災害が続けておこった時期でした。とくに1783年から翌年にかけては冷害も重なって大凶作がおこり、東北地方だけで30万人を超す餓死者を出したといわれています。

●文明とはんらんの川

黄河は中国第２の長流。黄河の流域は中国の歴史の中でも最も重要な地域で、世界で最も古い文明のひとつがこの流域でおこっています。また、あばれ川としても有名で、記録によると紀元前206年から1949年までの約2000年間に1500回以上のはんらんがあったとされます。

▲横だおしになった阪神高速道路

●兵庫県南部地震

1995年１月17日に発生した阪神・淡路大震災（兵庫県南部地震）では、震度７のゆれを観測しました。震源が浅く、人口が密集した都市の近くでおきた地震のため、建物の倒壊や火災で6000人以上が犠牲となりました。

ゆれ動く！ 地震列島

プレートテクトニクス

地球の表面は十数枚の**プレート**とよばれる厚さ100kmほどの板によっておおわれており、それらが、マントルの対流の影響を受けて、ほとんど変形することなくたがいに水平移動しているという理論です。

これらのプレートの相互作用によって、造山運動、火山活動、地震活動などの現象がすべて説明できるとされます。プレートどうしがはなれるところには中央海嶺や大地溝帯が、接し合うところには海溝や大山脈が形成されます。また、プレートどうしが接するところでは、地震や火山が多くなっています。日本列島周辺は、大陸プレートの**ユーラシアプレート**、**北米プレート**、海洋プレートの**太平洋プレート**、**フィリピン海プレート**の４つが集中し、地球上で最も火山活動、地震活動が活発な地域のひとつとなっています。

日本のまわりのプレート

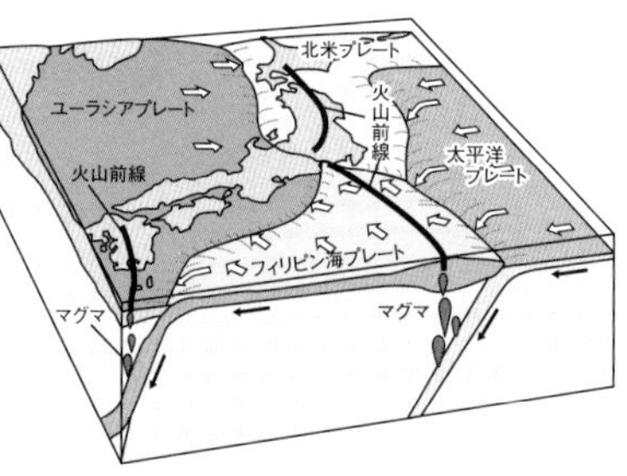

避難所と緊急避難場所

緊急避難場所とは、災害が発生したり、発生するおそれがある場合にその危険からのがれるための場所です。大きな公園などが多く、避難所を兼ねているところ以外は寝泊まりのための設備はありません。

一方、**避難所**とは、災害の危険性がなくなるまで滞在したり、災害により家にもどれなくなった住民が一時的に滞在したりするための施設のことです。家にもどれるようになるまで、学校の体育館や公民館などに、多くの人が共同で寝泊まりします。

エルニーニョ現象

南アメリカ大陸のペルーやエクアドル沖の赤道にそった広い海域で、海面水温が平年よりも１～２℃程度高くなる現象を**エルニーニョ現象**といいます。

エルニーニョ現象は、世界の気候に連鎖的な影響をあたえ、各地に例年にない高温や低温、あるいは豪雨や干ばつなどの異常気象を引きおこします。たとえば、1997～98年にかけておこった20世紀最大のエルニーニョ現象は、インドネシアやオーストラリアに高温化・乾燥、北米に大雨をもたらしました。

日本では、梅雨明けがおくれる、局地的に大雨がふる、冷夏になるなどの傾向があるともいわれます。

なお、南米沖の海域で、逆に海水温が例年よりも１～２℃程度低くなる現象を**ラニーニャ現象**とよんでいます。

エルニーニョ現象のときの雨雲

●ふだんの雨雲

●エルニーニョのときの雨雲

エルニーニョは、スペイン語で「神の子」「男の子」という意味。
ラニーニャは反対に「女の子」の意味なんだ。

入試によく出る時事キーワード

南海トラフ巨大地震

駿河湾から九州東方沖にかけて続く海底の溝（トラフ）を南海トラフといい、この南海トラフの付近を震源とし、近い将来、発生する可能性が高いとされている地震のことを**南海トラフ地震**といいます。震源域によって、**東海地震**、**東南海地震**、**南海地震**とべつべつによばれることもありますが、それぞれが連動しておこり、ひじょうに大規模な地震となって、被害が大きくなる可能性も高いことが予想されています。

また、南海トラフ地震は**マグニチュード**9クラスの巨大地震になる可能性が指摘されており、地震のゆれに加えて、津波による被害も大きくなると考えられています。

ライフライン

日常生活を送るうえで必要不可欠な、電気・水道・ガス・通信などを**ライフライン**といいます。

ライフラインは日本語では生命線という意味で、これらが災害で破壊されると、社会が機能しなくなり、災害からの復旧・復興にも大きな影響が出ることになります。

1995年の**阪神・淡路大震災**では、電気が復旧するまでに約1週間、水道・都市ガスが復旧するまでに約3か月もの期間がかかり、被災者の避難所での生活が長期化する原因となりました。これは、水道管やガス管が地中に埋められているため、地面を掘り返しての工事が必要な場所も多いからです。

2011年の**東日本大震災**では、地域差はあるものの、電気・水道・都市ガスがそれぞれに、やはり約2～4か月かかっています。

ハザードマップ

地震・火山活動・水害などの災害がおこったときの被害予測図を**ハザードマップ**（防災地図）といいます。

たとえば、洪水に対しては、住民の緊急避難経路、避難所、洪水が発生したときに予測される水位などが、また、火山活動に対しては、噴火の結果生じる溶岩流や火砕流（火山砕屑物をふくむ高温のガス）、泥流の予想経路などが記入されます。ハザードマップをつくることで、被害の範囲や大きさを視覚的に知ることができ、災害の対策や地域の将来計画を立てる際に欠かすことができないものとなっています。

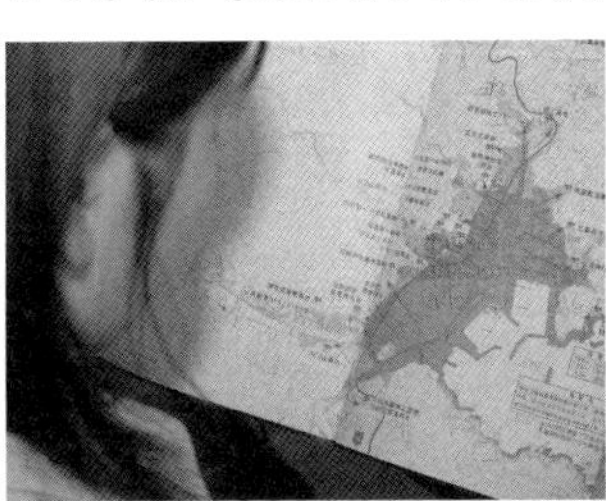

▲岩手県宮古市が全戸に配布した総合防災ハザードマップ

特別警報

特別警報とは、2013年の8月に気象庁が運用を始めた警報です。すでに運用されている「**注意報**」や「**警報**」が発表されるときよりもさらに非常事態である、「**数十年に一度**」という危険が予測される場合に発表されます。

対象となる災害は、大雨・暴風・波浪・高潮・大雪・暴風雪の6種類です。対象地域の住民に対して、最大限の警戒をよびかけるもので、住民はただちに命を守る行動をとらなければなりません。

特別警報が運用され始めてからうかび上がった課題に、新たな警報ができたことでこれまでの注意報や警報を軽く見てしまうということがあります。また、特別警報を出す基準を満たしていなかったために警報が出ず、被害が拡大した例もあるので、基準や運用の見直しも必要だといわれています。

10

環境をこわしているのは私たち

便利で豊かな生活

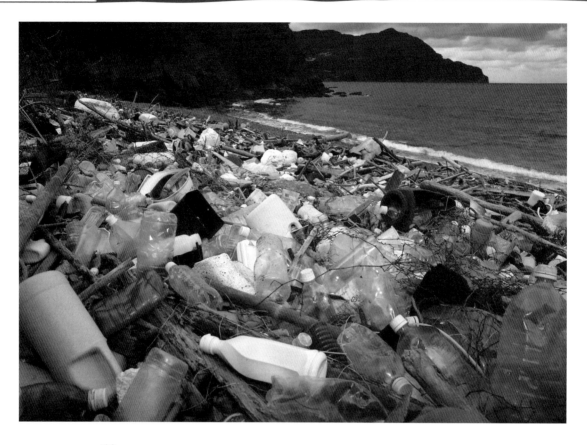

寒いときは暖かく、暑いときは涼しく、いろいろな工夫をして私たちは生活を快適なものにしようと努力してきました。はなれた場所に疲れることなく速く移動したり、大量の物資を一度に運べるようにしたり、いろいろな工夫をして私たちは生活を便利なものにしようとしてきました。豊かな自然を切り開き、巨大なリゾート地が建設され、多くの人びとが快適に自然を楽しもうとしています。

私たちの生活は、昔とくらべてずいぶん快適で便利なものになりました。そして、私たちはそれをあたりまえのように受け取っています。しかし、私たちが快適で便利な生活を求めてきた結果、多くの自然が失われてきたのです。

生活の豊かさと自然

快適で便利な生活は何から生み出されるのでしょうか。

夏に冷房を使ったり、冬に暖房を使ったりすると、エネルギーが必要になります。エネルギーを生み出す資源は使えばなくなります。また、森林を伐採して木材を手に入れるように、資源を手に入れ

テーマ

自然破壊の問題

産業の発達にともなって多くの公害が発生しました。産業の発達は人びとの生活を豊かにする反面、自然を破壊し、人びとの生活環境を破壊してきたのです。

たくさんのプラスチックごみが漂着した佐多岬(愛媛県)の海岸。景色も台なし、海洋汚染や生態系の破壊も問題になっているよ。

るためには自然に手を加えなければなりません。

人が移動したり物を運んだりするために自動車が多く使われています。自動車を動かすためには多くのエネルギーが必要です。また、排気ガスの問題もあります。排気ガスを出さない鉄道にしても、線路をしくためには自然をこわさなければなりません。道路も同じことです。

私たちが豊かな生活を送るために、さまざまな製品がつくられていますが、それらの製品をつくる工場も自然を破壊する大きな原因になります。私たちの食料をつくるために山を切り開いて田や畑をつくることも自然を破壊することになります。

自然保護の難しさ

人の手が加わっていない自然を保護することは、どのような意味をもつのでしょう。自然は、多くの生物にとっての生活の場でもあります。自然を保護するということは、多くの生物の生活を守るということにもつながります。

自然保護は大切です。しかし、人も自然を利用して生きているのです。何を、どこまで利用し、保護すればいいのか。自然保護には、保護と利用の両立というむずかしい問題もあるのです。

循環型社会のしくみ（3R）

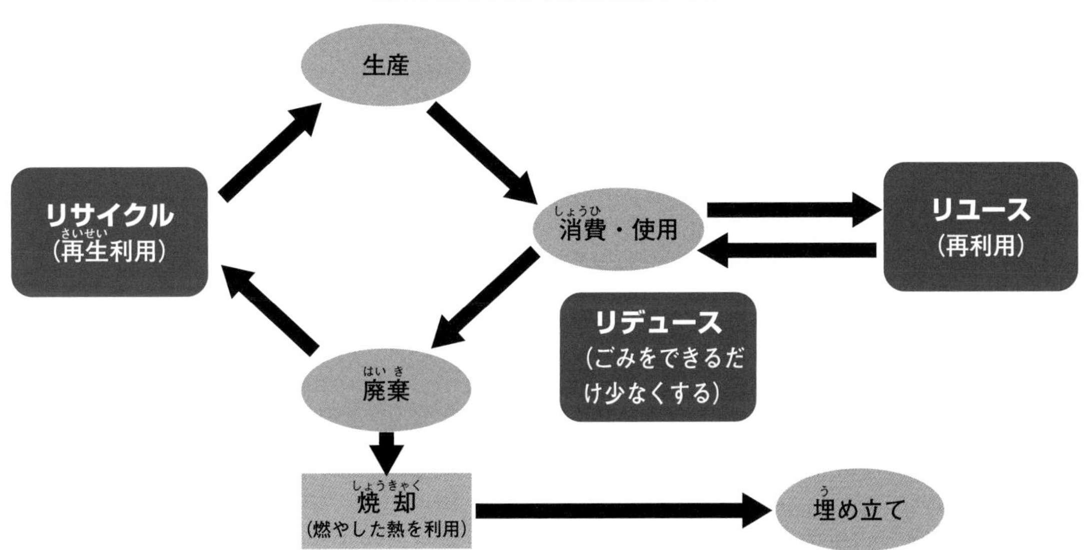

環境をこわしているのは私たち

山を削り森林を切り開く。人間の生活が自然を破壊する

人類は集団で生活する動物です。集団で生活するために都市をつくってきました。都市をつくることで便利で安全な生活を営むことができるようになったのです。その反面、都市は自然を破壊してきました。建築材料の多くは森林から切ってきた木材です。さらに、都市が広がるにつれて、自然は姿を変えてきました。山を削り、土地を平らにして都市が広がっていきました。都市が各地に誕生すると、都市を結ぶ道路がつくられます。今から2000年以上前、ローマ帝国はローマを中心にヨーロッパ各地や西アジアへと続く数多くの道路を建設しました。道路は、山を削り、森林を貫いて延びていきました。

都市が発達し、産業が活発になると人口も少しずつふえてきました。人口がふえると食料が必要になり、耕地を広げるために森林が切り開かれていきました。

都市が発達し、人口がふえると商品の流通も活発になり、さまざまな製品を専門につくる手工業者があらわれました。工業生産が本格的に行われるようになったのです。やがて、産業革命がおこると、工業生産はそれまで以上に活発になり、そのための資源も必要になってきました。世界各地で大量の木材が伐採され、石炭や鉄鉱石などが掘られていきました。それだけではなく、工場から排出されるすすや煙は、都市の空気をよごしていきました。19世紀に「世界の工場」とよばれたイギリスの首都ロンドンでは、空気のよごれから「スモーク（煙）」と「フォッグ（霧）」とを合わせた「スモッグ」ということばまで生まれたのでした。

20世紀に入ると産業はさらに発展していきました。産業の発展は自然を破壊します。20世紀に、とくに産業が発達した先進国では、自然の破壊がひどく、各国で公害が大きな問題となりました。

中でも1960年代に急速に工業が発展した日本は、四大公害とよばれる公害が発生するなど、「公害先進国」とよばれるほど、公害の被害が大きい国でした。また、産業の急速な発展は都市への人口集中をもたらし、都市から自然が失われただけでなく、さまざまな都市公害を引きおこしたのでした。

世界の自然は今でも破壊され続けています。これまで、産業があまり発達していなかった国ぐにで産業がさかんになってきました。また、人口急増と都市の急速な発達、各地で発生している戦争など、自然破壊を引きおこす原因はますますふえているといえるでしょう。

テーマに関するおもなできごと

自然保護に関するおもなできごと

- **1872年** 世界最初の国立公園「イエローストーン国立公園」がアメリカに誕生
- **1931年** 日本で「国立公園法」が制定される
- **1934年** 日本最初の国立公園が指定される
- **1948年** 「国際捕鯨委員会(IWC)」設立
- **1961年** 「世界野生生物基金(WWF)」設立
- **1970年** 国際的な環境保護団体「グリーンピース」が初めての活動を行う
- **1971年** 「特に水鳥の生息地として国際的に重要な湿地に関する条約(ラムサール条約)」が結ばれる
- **1972年** ユネスコ総会で「世界の文化的および自然的遺産の保護に関する条約(世界遺産条約)」が結ばれる
- **1973年** 「絶滅のおそれのある野生動植物の種の国際取引に関する条約(ワシントン条約)」が結ばれる
- **1980年** 釧路湿原がラムサール条約登録湿地に指定される
- **1988年** 商業捕鯨の全面禁止が決まる
- **1991年** イラクのクウェート侵攻による湾岸危機でペルシャ湾に原油が流出する(海鳥やマングローブに大きな被害が出る)
- **1992年** 「生物多様性条約」採択
  「有害廃棄物の越境移動管理の条約(バーゼル条約)」が発効
- **1993年** 屋久島と白神山地が世界自然遺産に登録
- **2005年** 知床が世界自然遺産に登録
- **2011年** 小笠原諸島が世界自然遺産に登録
- **2021年** 奄美大島、徳之島、沖縄島北部及び西表島が世界自然遺産に登録

▲瀬戸内海国立公園。岡山県笠岡市白石島からの景色

●日本最初の国立公園はどこ？

1931年に制定された国立公園法にもとづいて、1934年3月に「瀬戸内海国立公園」「雲仙天草国立公園」「霧島屋久国立公園」が指定されました。その後、12月には「阿寒」「大雪山」「日光」「中部山岳」が指定され、以後2017年の「奄美群島」まで、34の地域が国立公園として指定されました。

▲雪原で羽を広げるタンチョウ(北海道鶴居村)

●絶滅の危険性のあるタンチョウ

日本にも生息するタンチョウは、ジャイアントパンダやトラ、ゴリラなどとともに、ワシントン条約で「今すでに絶滅する危険性がある生き物」として指定されています。日本のタンチョウは、保護策が成功して、1953年の33羽から現在では1900羽ほどに回復しました。

●クジラと日本人

海に囲まれた日本の捕鯨には長い歴史があります。そのため、商業捕鯨禁止に対しては、じゅうぶんな資源量のあるクジラに対してまで捕鯨禁止をするのはおかしい、という声もあがっています。

10

環境をこわしているのは私たち

自然破壊

ラムサール条約

「特に水鳥の生息地として国際的に重要な湿地に関する条約」が正式名称です。1971年に、イランのラムサールで採択されたため、一般的には「**ラムサール条約**」とよばれています。

この条約の目的は、国際的に貴重な湿地を各国が登録して守っていくことです。日本は1980年にこの条約に加盟し、最初に登録された**釧路湿原**（北海道）をはじめ、2021年12月現在、国内の登録湿地数は合計53か所になっています。

▲日本で最初に登録された釧路湿原

ジオパーク

ジオパークの「ジオ」は、地球や大地という意味です。**ジオパーク**とは、科学的に見てとくに貴重な地質遺産をふくむ自然公園の一種です。

地質遺産にふくまれるものには、たとえば地層・岩石・地形・火山・断層などがあります。これらの地質遺産をジオパークに認定することで、その地域の自然・文化を守り、かつ多くの人に知ってもらい、おとずれてもらうことを目的としています。

世界ジオパークを認定するしくみが誕生してから、10年あまり。まだまだ新しい取り組みですが、2015年９月に、国連教育科学文化機関（ユネスコ）の正式事業となりました。

日本で初めて世界ジオパークに認定されたのは、**洞爺湖・有珠山**（北海道）、**糸魚川**（新潟県）、**島原半島**（長崎県）で、今は９か所にふえています。

日本の世界ジオパーク

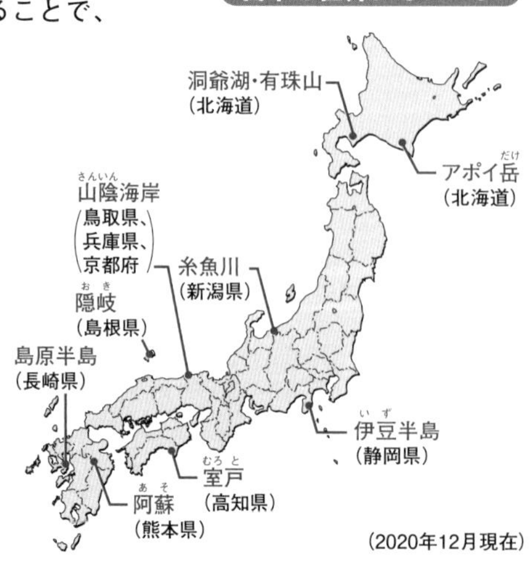

（2020年12月現在）

ナショナルトラスト運動

国や地方自治体ではなく、地域の住民たちが資金を出し合って、その土地を買い取り、自然環境や歴史的遺産を保護していく運動をいいます。

1895年からイギリスで始まり、日本でも各地で活動が行われています。

産業廃棄物

工場や建設現場などの生産活動によって出される廃棄物のうち、法律で定められた汚泥・建築廃材・鉱さいなどの20種類が**産業廃棄物**です。近年、産業廃棄物の不法投棄や処理場からもれる汚染物質による環境汚染など、さまざまな問題がおこっています。

マイクロプラスチック

海洋などに拡散したごく小さい**プラスチック粒子**のこと。自然分解されないプラスチックごみが紫外線や波で細かくくだかれたものや、研磨剤などに使われる**マイクロビーズ**などがあり、魚などの海洋生物がえさとして取りこみ、**生態系への影響**が心配されています。また食物連鎖によってほかの生物や人間の健康を害する可能性もあります。

入試によく出る時事キーワード

リサイクル法

現在の日本は、廃棄物処分場の不足という大きな問題に直面しています。

そこで、大量生産・大量消費・大量廃棄という社会のありかたを見直し、「ものを大切に使いごみをへらすこと」、「ものをくり返し使うこと」、「ごみを資源として再利用すること」などを目指した**循環型社会**をつくるために、次々に各種のリサイクル法が施行されています。

1997年に施行された「**容器包装リサイクル法**」は、各家庭には容器包装を分別して出すこと、市町村には分別して集めること、業者（メーカー）にはそれを再商品化すること、というリサイクルシステムを義務づけました。対象は、ガラスびん・ペットボトル・プラスチック・紙製容器・段ボールです。

2001年には「**家電リサイクル法**」が施行されました。このときには、**冷蔵庫・洗濯機・エアコン・テレビ**の４品目を処分するときに、使った人（消費者）にはリサイクル料金を支払うこと、売った人（家電小売店）には収集・運搬を行うこと、つくった人（メーカー）にはリサイクルをすることが義務づけられました。

容器包装はこんなものに再生される

●紙類（新聞、雑誌、牛乳パックなど）

新聞、雑誌、ちり紙、トイレットペーパー、ノートなど

●アルミ缶

アルミ缶、アルミなべ、ガスレンジ受け皿、換気扇カバーなど

●スチール缶

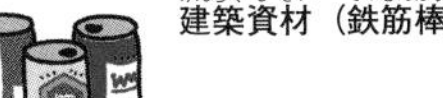

建築資材（鉄筋棒鋼）など

●ガラスびん

ガラスびん、タイル（外壁用・歩道用）、道路のほそう材など

●ペットボトル

ワイシャツ、Tシャツ、固形燃料、流しのごみ袋など

●食品トレイ

食品トレイ、シャープペンシルのじくなど

環境アセスメント

大規模公共事業などによる環境への影響を、事前に調査・予測して環境破壊を未然に防ぐための制度です。

工場・道路・鉄道・発電所・廃棄物処理場の建設や河川工事などの大規模な事業を行う場合は、事業の責任者に対し周辺環境への影響を調査・予測・評価して、周辺の住民に公表し、広く意見を聞いて、環境破壊を防ぐための計画の改善などを行うことが義務づけられています。

エコマーク

エコマークは、環境保護に役立ち、環境への悪い影響が少ないと認められた商品につけられるマークで、おもに、消費者が環境に配慮された商品を選ぶ目安となることを目的としています。

また、**リサイクルマーク**は、おもに、その製品がリサイクルできるかどうかを消費者が容易に判別できるようにつけられるマークで、1991年に、アルミ缶・スチール缶につけることが義務づけられました。

現在では、さまざまな種類のリサイクルマークがあります。

エコマーク

おもなリサイクルマーク

飲料のアルミ缶につけられる

飲料のスチール缶につけられる

飲料やしょうゆのペットボトルにつけられる

プラスチック製の容器につけられる

地球の温度が上がったら…

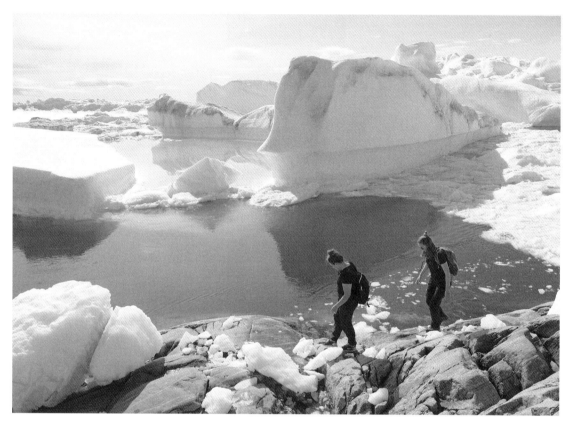

有毒ガスでおおわれた地球

地球は46億年前に誕生したといわれています。その地球にやがて生命が生まれ、発展していきました。ところが、今から25億年ほど前に出現した小さなバクテリアが地球環境を大きく変化させ、ほかのほとんどの生物を絶滅させたのです。このバクテリアがつくり出し、地球環境を汚染したもの、それは酸素だったのです。最初の大絶滅の原因です。

現在、地球上に生きる生物のほとんどは、酸素がなければ生きていけません。しかし、酸素は有害物質でもあるのです。酸素の有毒性にたえられる生物だけが生き残り、現在の生物の祖先となりました。

地球でしか生きられない生物

有毒性のある酸素にうまく適合し、生き延びてきた現在の生物は、今のところ地球でしか生きることができません。地球環境が現在の生物にとって最適なのです。ところが、その環境がかなり変化してきています。

もちろん、長い時間をかけて地球環境は変化します。しかし、近年の環境変化はかなり急速に進んでいるのです。その

テーマ 地球環境の問題

地球の環境を守ることは、地球上の生命を守ることになります。いくら生活が豊かになっても、地球そのものが住みにくいものになってしまってはなんの意味もありません。

2019年の夏、北極海のグリーンランドでは、氷床が史上最大5320億トンもとけた。世界中の海面が1.5ミリも上昇したんだって！

原因は人間にあります。

産業革命以来、人類は新しい物質を大量につくり出し、それを大気中に放出してきました。また、生命にとって有毒な物質を大量にたれ流してきたのです。

さらに、急速な人口増加は、食料や資源の大量な消費を進めました。自然をふみ台にして人類は発展してきたのです。地球でしか生きられないとわかっていても、その地球をこわしてきたのです。

何にとっての環境か

こうしたことの「つけ」を、今、人類ははらわなければなりません。温暖化やオゾン層の破壊、酸性雨、森林減少、砂漠化、海洋汚染、そして、野生生物の減少など、取り組まなければならない問題は数多くあります。

今日の環境問題では、「人間が住みやすい環境」をつくるのではなく、「地球上の生物が生き残れる環境」をつくることが課題とされているのです。いずれ、何億年かたてば地球環境は変化するでしょう。しかし、人類は、今の環境をこれ以上の破壊から守るのです。地球上の生物が生き残るために。

地球環境問題の相互関係

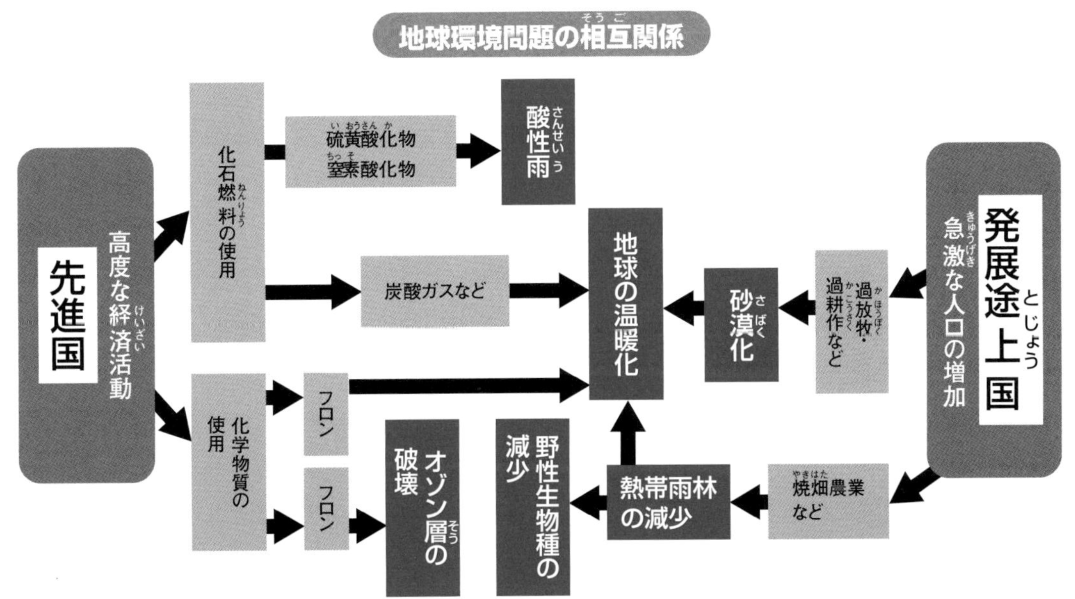

世界が協力して、環境保護への取り組みが始まった

地球環境が悪くなった原因はどこにあるのでしょうか。

あまりに急速に産業が発展し、人間の活動が活発になった、ということがひとつの原因としてあげられます。

人間の活動が活発になれば資源が必要になります。人間は必要な資源を、森林を伐採したり、地下を掘ったりして手に入れます。一方で、きたない物質や危険な物質が、海や大気中に捨てられます。

さらに、自然の状態ではほとんど存在しない物質、または自然では分解できない物質を人工的につくり出したことも、原因としてあげられます。こうした物質は、自然の中に蓄積され、環境を破壊していくのです。

また、急速な人口増加も原因として考えられます。とくに発展途上国で深刻な問題です。

産業のあまり発展していない国ぐには、お金を得るために資源を売ります。食料を得るために土地を切り開いて畑や牧草地をつくります。人口増加によって、その勢いはますますはげしくなるのです。

こうしたことによっておこる環境の破壊は、一国の問題ではありません。

たとえば大気は地球を循環しています。空気のよごれが風に運ばれてほかの国を汚染するのです。海に流された有毒物質は、潮の流れによって世界をさまよいます。大量の森林が失われれば、酸素をつくり出す量が減少してしまいます。

世界全体の責任で地球の環境を守らなければならない時代になったのです。

地球環境を守るための最初の国際的な会議が開かれたのは、今から50年ほど前のことです。この、国連人間環境会議が開かれたきっかけは、1960年代に先進国で深刻化した公害問題でした。

最初の国際会議が開かれてから20年後、再び国際連合による環境会議が開かれました。地球サミットとよばれたこの会議は、国連人間環境会議とくらべて、まさに地球規模の会議となりました。そこでは、地球環境に関する多くの問題点が明らかにされ、これからどのように行動していくかということが話し合われたのです。

国連人間環境会議では、発展途上国の中に「われわれは公害がほしい」と言った国があったそうです。その国にとっては公害が「繁栄の象徴」だったのです。およそ50年がたった今、そのような発言をする国はありません。しかし、私たちの心の中にそんな気持ちはひそんでいない、とどこまで言い切れるでしょうか。

テーマに関する おもなできごと

地球環境に関するおもなできごと

1971年	ラムサール条約が採択される
1972年	国連人間環境会議がストックホルム(スウェーデン)で開催される(「人間環境宣言」を採択)
	国連環境計画が設立される(本部はケニアのナイロビ)
	世界遺産条約が採択される
1973年	ワシントン条約が採択される
1977年	国連砂漠化防止会議が開催される
1987年	オゾン層保護に関するモントリオール議定書が採択される
1988年	日本でオゾン層保護法が制定される
1992年	国連環境開発会議(地球サミット)がリオデジャネイロ(ブラジル)で開催される
1995年	日本で容器包装リサイクル法が制定される
1997年	国連環境特別総会が開催される
	温暖化防止京都会議が開催される(「京都議定書」を採択)
1998年	家電リサイクル法が制定される
2000年	国連森林フォーラムが設立される
	国連がミレニアム開発目標(MDGs)を掲げる
2001年	温暖化防止ボン会議が開催される(ドイツ)
	日本でフロン回収破壊法が制定される
2002年	持続可能な開発に関する世界首脳会議(環境開発サミット)がヨハネスブルグ(南アフリカ)で開催される
	ツバルからニュージーランドへの移民が始まる
2015年	国連気候変動枠組条約締約国パリ会議が開催される(「パリ協定」を採択)
	国連で、17の目標と169のターゲットからなる「持続可能な開発目標(SDGs)が採択される

●スローガンは「かけがえのない地球」

国連人間環境会議は、国連として環境問題全般に最初に取り組んだ会議でした。この会議で採択された「人間環境宣言」は環境問題を人類に対する脅威としてとらえ、国際的に取り組むべき課題としています。

▲地球サミット。世界最大の円卓会議のようす

●テーマは「持続可能な開発」

国連人間環境会議から20年、持続可能な開発をテーマとして、世界の多くの国ぐにの元首や首相が出席して地球サミットが開かれました。持続可能な開発とは「現在の世代が必要な開発や資源の利用は、将来の世代のことも考えて行わなければならない」という意味をもちます。

▲ツバルでは、満潮になると民家のまわりには水たまりが広がる

●地球温暖化で、国が沈む！

地球温暖化による海面上昇の被害を最も受けやすい国は太平洋上にあるツバルです。ツバルは平均海抜が1.5mほどしかなく、早くも水没してしまった島すらあります。将来、国そのものが水没してしまう可能性があるともいわれるツバルでは、受け入れ国をさがし、住民の海外移住が始まっているのです。

地球の温度が上がったら…

環境破壊がいちじるしい地域

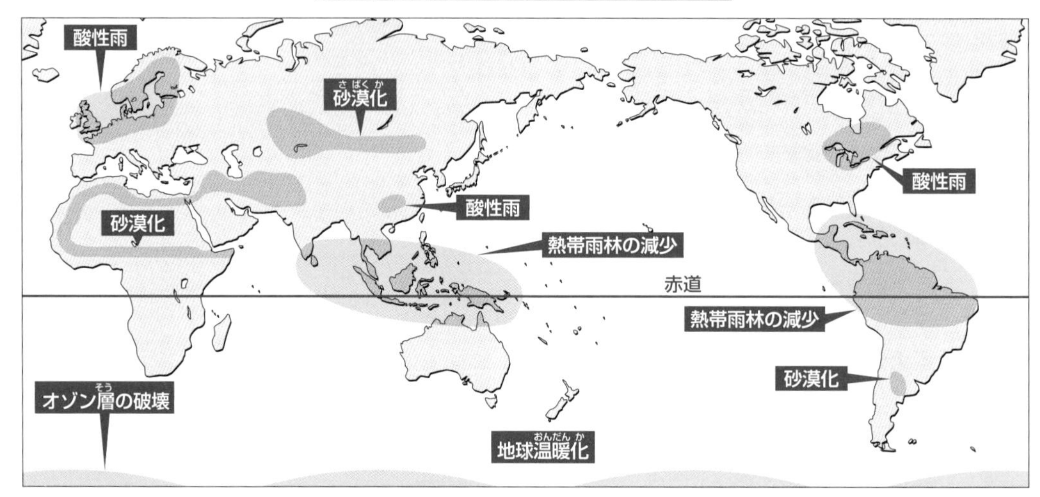

酸性雨

もともと自然の雨は弱い酸性をしめしていますが、工場・火力発電所のばい煙や車の排気ガスにふくまれる**窒素酸化物・硫黄酸化物**が大気中の水分と結びついてできた強い酸性の雨を**酸性雨**といいます。

酸性雨は湖や沼の生物を死滅させ、森林を枯らすなどの被害をもたらします。現在、酸性雨の被害が世界的に拡大し、とくにヨーロッパや北アメリカでは「歴史的建造物や彫刻がとける」「森林が枯れる」「湖や沼の生物がいなくなる」ということがおきています。

酸性雨はこうしておこる

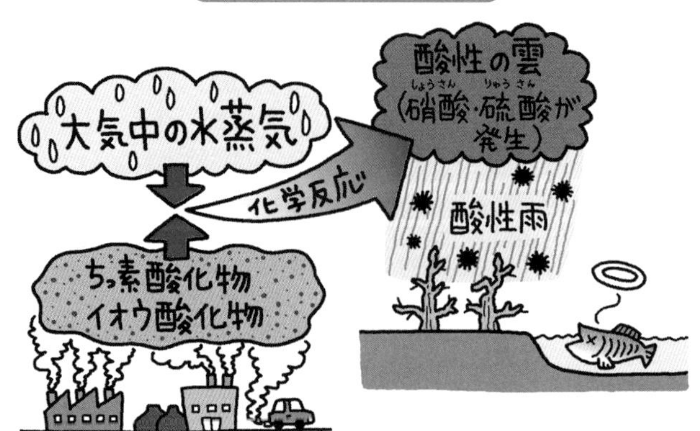

熱帯雨林の減少

赤道付近の熱帯地域に分布する森林を**熱帯雨林**といいます。今、熱帯雨林が急激に減少しています。とくに、**ブラジルのアマゾン川流域**や**インドネシア・マレーシア**など東南アジアでの森林の破壊が目立ちます。熱帯雨林のある地域のほとんどは発展途上国とよばれる国ぐにで、多くの人びとは生活に困っています。そのため、木材を切り出して輸出したり、農地をふやすために森林を焼いてしまったり（**焼畑農業**）しているのです。

熱帯雨林は**温暖化**の原因である**二酸化炭素**をへらす役目もはたしています。熱帯雨林の減少は、地球全体の気候に影響をあたえ、また野生生物種の減少につながります。

入試によく出る時事キーワード

オゾン層の破壊

地上から高さ約10～50kmの成層圏に、大気中のオゾンがとくに多いところがあり、これを**オゾン層**とよびます。

オゾン層は、人体に有害な紫外線が太陽から地上に到達するときにこれを吸収して地上の生命を守っています。しかし冷蔵庫やエアコン、スプレーの噴射剤に使われていた**フロン**が大気にまじると破壊されてしまいます。このため、現在、多くの国ではフロンの使用を禁止しています。

南極上空などではオゾン層がうすくなった「**オゾンホール**」がみつかっています。

砂漠化

土地が水分を失い、土地の生産力（農作物などをつくることができる力）が低下して、**砂漠**となっていくことをいいます。

降水量の減少などの自然現象のせいもありますが、原因の多くは、**田畑でのくり返し耕作のしすぎ、放牧のしすぎ**（家畜が植物を食べつくしてしまう）、森林伐採、道路の建設などの人間の活動です。

とくにアフリカやアジアの内陸部の乾燥地帯で砂漠化が進んでいます。

気候変動枠組条約締約国会議（COP）

COPとは、国連気候変動枠組条約締約国会議のことです。1992年「国連気候変動枠組条約」が採択され、1995年からは毎年この会議が開催されています。京都で開催された第３回の会議（COP３）では、**京都議定書**が採択され、2008～2012年の間に、1990年とくらべ先進国全体で5.2％の温室効果ガス排出量を削減する目標が定められました。目標は国によって異なり、当時の日本は**６％の排出削減**を目標としました。

2012年の期限をむかえたあと、COPでは京都議定書に続く新しい枠組みをつくろうとしましたが、各国の利害の対立によって議論はなかなか進みませんでした。しかし、2015年12月にフランスで開かれたCOP21で、ようやく2020年以降の気候変動対策の枠組みである**パリ協定**が正式に採択されました。

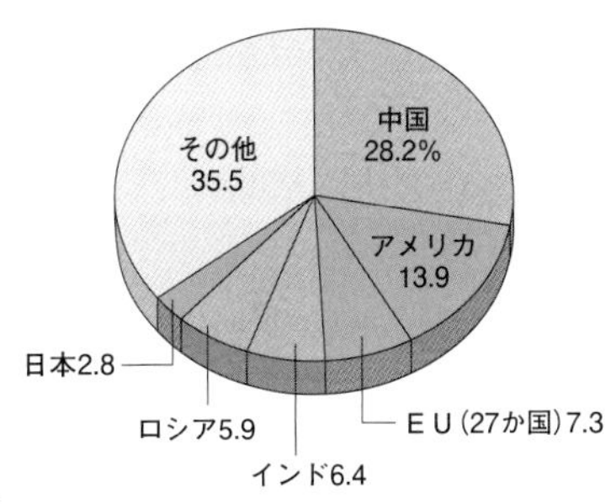

全世界の温室効果ガス排出量 [illegible]億トン(二酸化炭素換算)

（2019年。「日本のすがた」より）

クールビズ

環境省では**京都議定書**の発効を受け、温室効果ガスの二酸化炭素を削減するために、夏のエアコンの設定温度を28℃以上にするようにすすめました。そして、ネクタイをはずし上着を着ない、夏を涼しくすごすための新しいビジネススタイルを提唱しました。「**クール**」は涼しい、「**ビズ**」はビジネスの意味です。

また政府は地球温暖化防止「国民運動」の愛称を「チームマイナス６％」とし、水道・電気などの節約、自動車の使用をひかえること、エコ製品を使うこと、包装やごみをへらすことなども、国民によびかけました。その後、この運動は「チャレンジ25」「クールチョイス」へ発展しています。

12

文化財保護

古いものって必要なの？

身のまわりの文化財

　文化財って何でしょう。それを考えるには、文化ということばの意味を、まず考える必要があります。

　文化ということばは、人びとが作り上げてきた生活の形ということができます。むずかしいですね。要するに、日本なら日本という国で昔から生活してきたその生活のしかた、ということなのです。

　なんだ、それならべつにむずかしいことじゃない。毎日やっているよ。そのとおりです。私たちの祖先が、長い間、毎日やってきたことの積み重ねが文化なのです。

2019年10月、沖縄県那覇市の首里城から火が出て、ほぼ全焼。所蔵されていた貴重な文化財も多数燃えてしまったよ。

　では、文化と文化財はちがうのでしょうか。ちがうともいえるし、ちがわないともいえます。そこがむずかしいところなのです。

　茶碗や箸、これらは文化財でしょうか。答えは日本人の食文化をあらわすものであり、りっぱな文化財です。

テーマ

文化財保護の問題

文化財はある国や民族の歴史をあらわしたものです。文化財を保護することはその国や民族の歴史を保護し、次の時代に伝えることにもなるのです。

そう考えると、文化財はいたるところにあるはずです。しかし、なぜそれを保護しようとしているのでしょうか。

保護する必要があるのだろうか

たとえば、茶碗や箸はどうやってつくっていたのでしょうか。今では機械で大量につくっているものも多くなっていますが、昔は全部手で一つひとつ、つくっていました。つくるための技術が必要だったのです。こうした技術そのものが文化財なのです。

仏像やお寺の建築も文化財です。日本人の信仰の対象として、深く人びとの生活に密着していました。また、こうしたものは美術品としての価値もあります。

こうした技術や作品をそのまま保存して残すことは、日本の文化を後の世に伝えることになるのです。

むずかしい保護

しかし、どんなものでも時間がたてば変化したり、失われたりします。

大量生産によってかんたんに多くのものをつくることのできる現代、わざわざ手間をかけてつくる必要があるのでしょうか。また、文化財として指定されたとたん、かんたんに拝むことができなくなる仏像などもあります。人びとの生活からはなれてしまうおそれもあるのです。

こうしたところにも、文化財保護の必要性と問題点があるのです。

文化財の体系

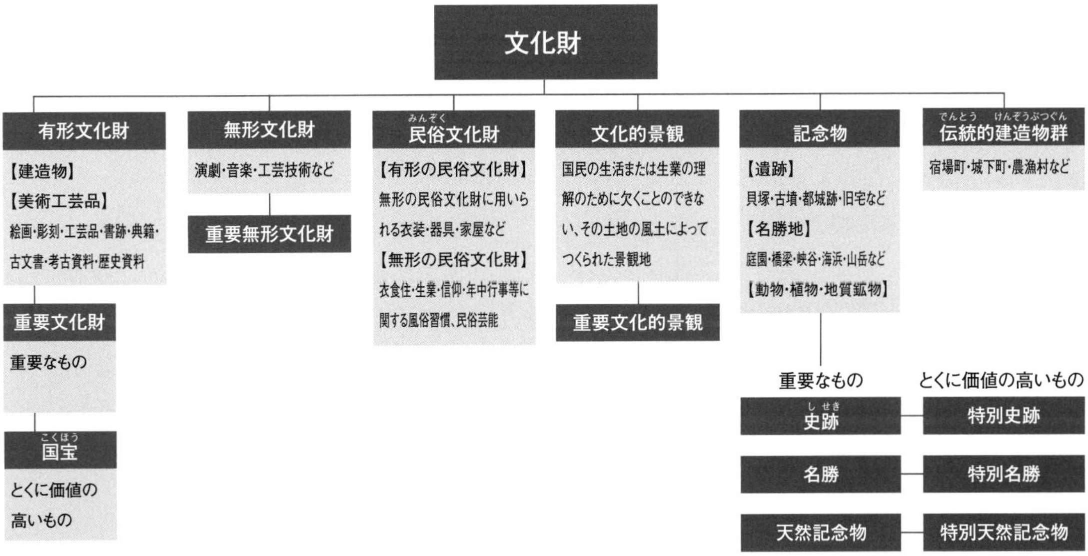

文化財

- **有形文化財**
  - 【建造物】
  - 【美術工芸品】絵画・彫刻・工芸品・書跡・典籍・古文書・考古資料・歴史資料
  - **重要文化財**　重要なもの
    - **国宝**　とくに価値の高いもの
- **無形文化財**　演劇・音楽・工芸技術など
  - **重要無形文化財**
- **民俗文化財**
  - 【有形の民俗文化財】無形の民俗文化財に用いられる衣装・器具・家屋など
  - 【無形の民俗文化財】衣食住・生業・信仰・年中行事等に関する風俗習慣、民俗芸能
- **文化的景観**　国民の生活または生業の理解のために欠くことのできない、その土地の風土によってつくられた景観地
  - **重要文化的景観**
- **記念物**
  - 【遺跡】貝塚・古墳・都城跡・旧宅など
  - 【名勝地】庭園・橋梁・峡谷・海浜・山岳など
  - 【動物・植物・地質鉱物】

重要なもの	とくに価値の高いもの
史跡	特別史跡
名勝	特別名勝
天然記念物	特別天然記念物

- **伝統的建造物群**　宿場町・城下町・農漁村など

12

古いものって必要なの？

文化財保護

時間の流れとともに風化する。それが文化財

イタリアのローマは、地下鉄工事がとてもたいへんな都市といわれていました。地下鉄をつくろうとしてトンネルを掘っていると、昔のローマの遺跡にぶつかってしまうことが多いのです。

なにしろ2500年間、ほとんどとぎれることなく芸術活動が行われている都市です。町全体が世界遺産といってもよいほどの都市なのです。ローマという都市では、2500年の歴史の中で、人びとが現代を生きているのです。

しかし、遺跡を保護するというのはむずかしいことです。ひとつの例としてローマを舞台にした映画の一部をあげましょう。

地下鉄工事をしている場面です。工事をしている人びとが古代の遺跡を発見したのです。人びとが遺跡の中に入ると、その壁には美しく着色された壁画が、描かれたときそのままに残っていました。人びとがおどろいていると、外から風が流れこんできました。すると、あっという間に壁に描かれた絵の色が失われていったのです。まさに、風化してしまったのです。数千年という時間があっという間に経過したのです。

これほど劇的ではないにしても、同じようなことは日本でもおこっているのです。

奈良県明日香村にある高松塚古墳では、1972年に発掘調査が行われました。その後、1300年間にわたって封印されていたその状態のまま保存しようということになり、温度や湿度を一定に保ったまま入り口を閉じました。

ところが、2001年に再び調査をすると、壁画がひどくいたんでいたのです。

厳重に保存・管理されていたのになぜこうなったのでしょうか。やはり、1972年に発掘調査をするためにとびらを開いたとき、外の空気が流れこんで風化を進めたのでしょう。

こうなると、文化財を保護する意味そのものが問題となりそうです。

すべてのものは、長い時間の中でいつか失われていきます。そうした自然の流れにさからって「保護」するのがいいのでしょうか。それとも、だれの目にもふれさせずに自然のままにしておくのがいいのでしょうか。

これらの例は、知られていなかったものが知られるようになった結果、おこったことです。しかし、寺院のような建築物や仏像、絵画などのようにふだんから人の目にふれているものも、つくられたときのまま、どこまで保存すればよいのか、という大きな問題をかかえているのです。

テーマに関するおもなできごと

文化財保護に関するおもなできごと

- **1897年** 古社寺保存法が制定される（初めての「国宝」指定）
- **1929年** 国宝保存法が制定される
- **1950年** 文化財保護法が制定される
- **1951年** 文化財保護法による戦後初の「国宝」指定が行われる
- **1974年** 伝統的工芸品産業の振興に関する法律が制定される
- **1992年** 日本が国連の世界遺産条約を批准する
- **1997年** 正倉院が国宝に指定される
- **2005年** 高松塚古墳の解体修理が始まる

●昔の国宝と今の国宝

文化財保護法が制定される以前の「国宝」は、国が指定した有形の文化財すべてを指していました。そのため、6000を超える数の「国宝」が存在したのです。しかし、文化財保護法によってこうした「国宝」はすべて重要文化財となり、その中からとくに重要なものが改めて国宝として指定されました。

▲輪島塗の重箱（石川県）

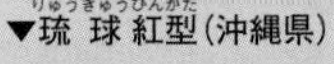
▼琉球紅型（沖縄県）

●伝統的工芸品は日常のもの

伝統的工芸品の指定を受けることのできる要件の中に、「主として日常生活の用に供されるもの」という一文があります。日本人の生活の中で古くから使われてきたもの、ということが伝統的工芸品の重要な要素になっているのです。

日本国内の世界遺産

登録年	遺産名	区分	所在地
1993年	法隆寺地域の仏教建造物	文化	奈良県
	姫路城	文化	兵庫県
	白神山地	自然	青森県、秋田県
	屋久島	自然	鹿児島県
94年	古都京都の文化財	文化	京都府、滋賀県
95年	白川郷・五箇山の合掌造り集落	文化	岐阜県、富山県
96年	原爆ドーム	文化	広島県
	厳島神社	文化	広島県
98年	古都奈良の文化財	文化	奈良県
99年	日光の社寺	文化	栃木県
2000年	琉球王国のグスク及び関連遺産群	文化	沖縄県
04年	紀伊山地の霊場と参詣道	文化	三重県、奈良県、和歌山県
05年	知床	自然	北海道
07年	石見銀山遺跡とその文化的景観	文化	島根県
11年	平泉―仏国土（浄土）を表す建築・庭園及び考古学的遺跡群―	文化	岩手県
	小笠原諸島	自然	東京都
13年	富士山―信仰の対象と芸術の源泉	文化	山梨県、静岡県
14年	富岡製糸場と絹産業遺産群	文化	群馬県
15年	明治日本の産業革命遺産―製鉄・製鋼・造船・石炭産業―	文化	福岡県、佐賀県、長崎県、熊本県、鹿児島県、山口県、岩手県、静岡県
16年	国立西洋美術館「ル・コルビュジエの建築作品―近代的建築運動への顕著な貢献―」の構成資産のひとつ	文化	東京都
17年	「神宿る島」宗像・沖ノ島と関連遺産群	文化	福岡県
18年	長崎と天草地方の潜伏キリシタン関連遺産	文化	長崎県、熊本県
19年	百舌鳥・古市古墳群―古代日本の墳墓群―	文化	大阪府

12

古いものって必要なの？

文化財保護

文化財保護法

法隆寺金堂の火災事件がきっかけとなり、1950年に制定された法律で、文化財を保護・活用し、国民の文化的向上に役立てることを目的としています。

この法律にもとづき、文化庁を中心とする国の機関によって**重要文化財**が指定・保護されます。指定される分野は、建造物、絵画などの形のある文化財だけではなく、おどりや工芸の技術といった**無形文化財**、岐阜県白川郷にある合掌造りなどの伝統的な建築物群のある町並み、棚田（千枚田）などの**文化的景観**などがあります。また、形のある重要文化財のうち、とくに価値の高いものが**国宝**に指定されます。

この法律は、文化財の管理や修理、公開の方法について定めており、国は保護のために一部の費用を負担します。

世界遺産

1972年に**ユネスコ**（国連教育科学文化機関）の総会で「世界の文化遺産及び自然遺産の保護に関する条約」が採択されました。これは、世界各地の貴重な文化財や自然環境を人類全体の財産として守り、将来の世代にも残していこうという考えにもとづいたもので、ここに登録された遺産を**世界遺産**といいます。

登録されている世界遺産は、2021年7月現在、世界で1154件あります。日本の世界遺産は25件で、その内訳は文化遺産が20、自然遺産が5、となっています。

世界遺産条約を結んでいる国ぐには、自国の遺産を保護していくことはもちろん、世界遺産基金にお金を出し合い、世界で指定された文化・自然遺産を保護することが求められます。

条約が採択されてから40年が経過した今、世界遺産は新たな課題をかかえています。そのひとつが、登録遺産の増大や、遺産のある地域のかたよりです。もうひとつは、世界遺産に登録されたものの、遺産の価値をそこなうような開発や工事が行われたり、遺産のある地域で紛争や自然災害がおきたりしていることです。こうした遺産は「**危機遺産リスト**」に登録され、登録抹消とならないよう対策を講じたり、救済活動をしたりすることが求められます。

無形文化遺産

文化遺産は、遺跡や古い寺などのようないわゆる有形（形あるもの）だけを指すものではありません。伝統的な音楽、舞踊、演劇、工芸技術といった無形の文化も、有形の文化遺産と同じくらいその国の歴史、文化、生活風習と密接に結びついた重要な文化遺産で、こうした文化遺産を**無形文化遺産**といいます。

現代では、人やものが国境を越えて地球規模で動くようになりました。こうした変化をグローバリゼーションといいます。グローバリゼーションの進展にともなって世界各地で、無形文化遺産の消滅の危機がさけばれるようになりました。こうした状況をふまえ、ユネスコで採択されたのが「無形文化遺産の保護に関する条約」です。この条約は2006年に発効し、2021年7月までの締約国は180か国を数え、600件近い遺産が登録されています。

日本の無形文化遺産は、2021年7月現在で22件あり、以下が代表的なものです。

2008年	能楽、人形浄瑠璃文楽、歌舞伎
2009年	雅楽、小千谷縮・越後上布
2010年	結城紬
2013年	和食
2014年	和紙
2020年	伝統建築工匠の技

入試によく出る時事キーワード

高松塚古墳とキトラ古墳

高松塚古墳は、奈良県明日香村で1972年に発見された7～8世紀の古墳です。古墳内の壁画には、中国において方角をあらわす青龍などの動物や、鮮やかな服装や道具をもった人物が描かれています。

キトラ古墳（キトラという名の由来は、古墳の付近を昔、「北浦」とよんだなどの説があります）は、1983年に高松塚古墳から約1kmの場所で発見されました。四神である青龍・白虎・朱雀・玄武や、天文図などが壁画に描かれていることが話題になりました。

この二つの古墳の壁画に描かれている人物は、当時の服装をはじめとする風俗について、また天文図などは当時の世界観や天文学について研究するうえで重要なものです。

近年、高松塚古墳の壁画には、カビによるはげしいいたみが発見されました。文化庁は古墳の土を取りのぞき、石室を解体して石ごと壁画を取り出し、修復と保護を行いました。また、キトラ古墳の壁画も、いたみがはげしいことがわかり、壁からしっくいをはぎ取って絵を保存する作業が行われました。

高松塚古墳の石室見取り図

東壁：女子像　青龍　男子像　日像
南壁：朱雀？
天井：天文図
北壁：玄武
西壁：月像　男子像　白虎　女子像

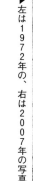

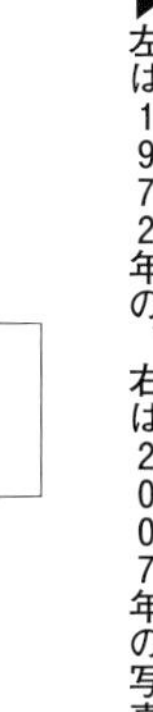
▶左は1972年の、右は2007年の写真

世界の記憶

ユネスコが主催する事業で、世界の人びとの営みを記録した歴史的な文書などの保存と振興を進めるためのものです。日本では、以下が登録されています。

▲日本で最初に登録された、山本作兵衛の炭坑記録画「寝掘り」

2011年	「山本作兵衛炭坑記録画・記録文書」
2013年	「御堂関白記」
	「慶長遣欧使節関係資料」
2015年	「舞鶴への生還」
	「東寺百合文書」
2017年	「朝鮮通信使に関する資料」「上野三碑」

日本遺産

文化庁が進める事業で、地域の歴史的魅力や特色を通じてわが国の文化・伝統を語るストーリーを認定します。有形・無形のさまざまな文化財群を総合的にとらえて、ストーリーを語るというのが最大の特色です。認定された地域の認知度が高まり、地域のブランド化や地方創生に役立つと期待されています。

13

政治

日本はだれが動かしているの？

法律は国を動かす設計図

私たちは、ふだんの生活の中で「法律」というものを意識することはほとんどないのではないでしょうか。しかし、私たちの生活は法律によって守られているのです。たとえば、法律がなければ、どんなことをやったら犯罪になるのかとか、会社をつくるのにはどうすればいいのかなどがはっきりしません。

それだけではありません。どんな種類の税金をどれだけの割合でかけるかとか、国の政治のしくみはどうするのか、などということも法律で決められているのです。法律は、国民が安心して生活できるようにしたり、政治をきちんと動かしたりするための設計図なのです。

法律はだれがつくるの？

法律は国会でつくられています。日本では国会だけが法律をつくることができます。そのため、国会は「国の唯一の立法機関」といわれています。国会では、国会議員が話し合って、投票して法律をつくります。

国会議員は、私たち国民の選挙によって選ばれます。「選挙→国会議員」とい

テーマ

政治の問題

私たちの生活は、法律によって規制されたり守られたりしています。私たちの生活と切りはなせない、法律をつくる人びとは、私たちが選挙で選んだ国会議員です。

国会議事堂。ここで国会議員が国会を開いて、法律や予算がつくられているよ。こうしたしくみをまとめて「国会」とよぶんだよ。

う流れをたどって、間接的に、私たちも法律づくりにかかわっているのです。

選挙はうまくいっているのか

国会議員を選ぶ選挙は、国民にとってとても大切な行動です。しかし、最近では投票する人の数がへり、投票率はかなり低くなっています。なぜ、こうなったのでしょうか。

原因のひとつとして考えられることは、国民が政治そのものに関心をもてなくなったということです。どうして関心をもてなくなったのでしょうか。これには人によっていろいろな理由があるでしょう。「だれを選んでも同じだよ」という人もいれば、「あの人を選んでも何も変わらないよ」という人もいるでしょう。

たしかに、今の日本の政治は数が多い政党の意見が国の意見になっているようなところがあります。立候補者が選挙のときに言っていたことが必ずしも実現できないということもあるでしょう。さらに、国会議員の中でどのような話し合いが行われているのかよくわからないということもあるでしょう。そんなことが積み重なって、国民の関心が政治に向かないということが、今の日本がかかえている大きな問題なのかもしれません。

法律ができるまで

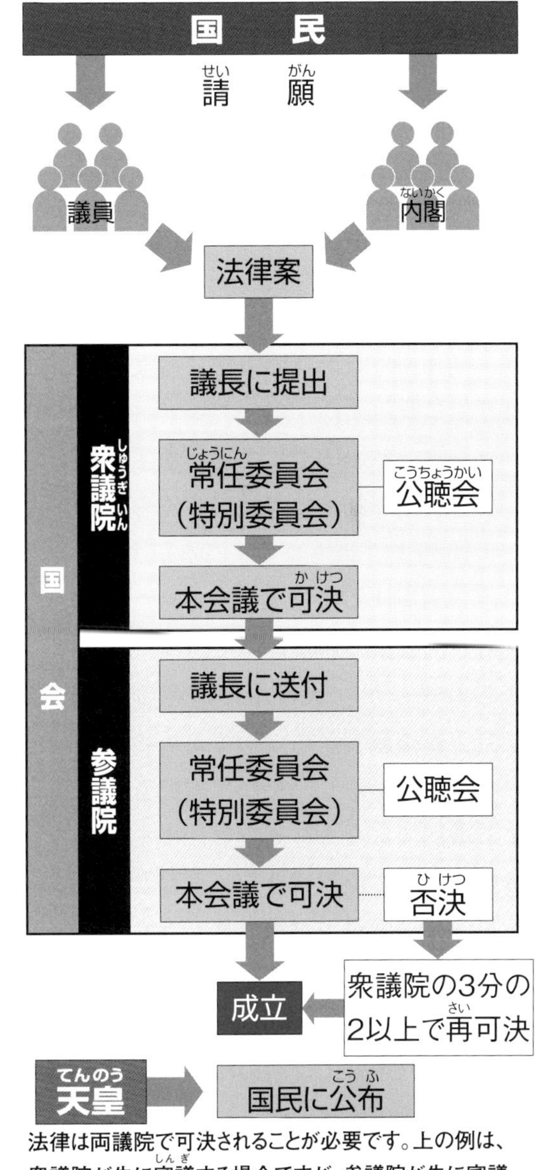

法律は両議院で可決されることが必要です。上の例は、衆議院が先に審議する場合ですが、参議院が先に審議する場合も同じ手続きが取られます。

日本はだれが動かしているの？

議会政治はなんのために。国王の政治から国民の政治へ

国王が国の政治を行うことは、多くの国で当然のこととして受け入れられてきました。しかし、イギリスで発達した議会制度は、国王の政治を行う力をおさえ、多くの人びとによって国の政治を行っていく道を開きました。

さらに、アメリカ合衆国の独立やフランス革命では、国王そのものを否定し、国民が自分たちの力で政治を行っていく道を開いたのでした。そして、国民の代表が政治を行うということが、アメリカやフランスの憲法には記されたのでした。

ヨーロッパの国ぐにの憲法を手本にして、日本で初めて憲法がつくられてから100年以上たちます。この憲法（大日本帝国憲法）は、天皇が定めたものとされ、天皇の名によって国民にあたえられました。大日本帝国憲法では、国会（帝国議会）について定められていました。しかし、それは国民を代表する機関ではなく、天皇の仕事を助ける機関として位置づけられました。しかも、国会議員を選挙できる人は一部の豊かな人たちだけであり、女性には選挙権は認められませんでした。

この大日本帝国憲法の次につくられたのが日本国憲法です。日本国憲法は大日本帝国憲法と異なり、天皇ではなく国民がつくった憲法という形をとっています。そして、最も大切な考え方として民主主義を取り入れています。

民主主義の考えを取り入れた日本国憲法では、国民に平等な権利を認めています。男女の平等もそのひとつです。

日本国憲法がつくられるよりも前に、女性にも政治に参加する権利が認められていました。そして、日本国憲法によって、はっきりと男女の平等が確認されたのです。これによって、日本の議会政治もすべての国民が参加して行われるようになったのです。

民主主義の目的は、より多くの人の幸福を実現することにあります。そのための方法が多数決にあるとすれば、それが政党政治と結びついて、より多くの議員を当選させた政党が中心になって国の政治を行うことになります。

イギリスやアメリカなどでは、二大政党制といって、二つの大きな政党が政権を争うという形が続いています。しかし、日本では、1955年につくられた自由民主党が、一時期をのぞいて、長い間国民の支持を集め、第一党としての役割をになっています。特定の政党による政治が長い期間続くことで政権は安定します。しかし、議院内閣制をとる日本では、政策に対する国会のチェックがむずかしくなる、という問題もかかえているのです。

テーマに関する おもなできごと

政治に関するおもなできごと

1265年	イギリスで議会(国会)が成立する
1341年	イギリスで二院制が始まる
1689年	イギリスで権利の章典が制定される
1787年	アメリカ合衆国憲法が制定される
1789年	フランス人権宣言が定められる
1791年	フランス憲法が発布される
1885年	内閣制度ができる(初代内閣総理大臣は伊藤博文)
1889年	大日本帝国憲法が発布される
1890年	第一回総選挙が行われる(選挙人は総人口の約1%)
	第一回帝国議会が開かれる
1925年	普通選挙法が制定される(選挙実施は1928年。有権者は満25歳以上の男子で、選挙人は総人口の約21%)
1945年	女性にも選挙権が認められる(有権者は満20歳以上の男女)
1946年	戦後初の衆議院議員総選挙が行われる(選挙人は総人口の約50%)
	日本国憲法が公布される
1947年	第一回参議院議員選挙が行われる
	日本国憲法が施行される
	第一回特別国会が開かれる(→日本国憲法にもとづく最初の内閣が誕生する。)
2009年	自由民主党から民主党へ政権交代
2012年	民主党から自由民主党へ政権交代
2015年	選挙権年齢が引き下げられ、満18歳以上になることが決まる
2016年	満18歳から選挙権をもつ公職選挙法が施行される

●最初の成文憲法

1776年に独立宣言を公布したアメリカ合衆国は、その後、憲法制定議会を開き、合衆国憲法を制定しました。この憲法は、文書で記された世界で最初の憲法になったのでした。

▲大日本帝国憲法の発布式

●内容はだれも知らない

大日本帝国憲法の発布をひかえた東京の町ではさまざまな祝賀行事が行われ、お祭りさわぎだったそうです。しかし、「絹布のはっぴが下される」といううわさが広がるほど、憲法の発布は当時の国民にはわけのわからないものだったようです。ましてその内容は、一般の国民のだれも知らないものでした。

▲初めて議席についた女性代議士

●女性議員の誕生

1945年になるまで、日本の女性には選挙権が認められていませんでした。もちろん立候補することもできません。初めて女性が参加した1946年の選挙では、466名の当選者のうち39名の女性国会議員が誕生しました。

日本はだれが動かしているの？

憲法

憲法は国の政治のしくみや、政治が行われるときの基本的なルールを定めた決まりです。

このような決まりが必要になったのは、かつてヨーロッパの国ぐにで、国民の権利や自由が君主（国王）によってじゅうぶんに認められていなかったからなのです。そこで、憲法という決まりをつくることによって君主の力を制限しようとしたのです。憲法がつくられるようになって、国の政治は特定の人が好き勝手に行うのではなく、憲法にしたがって行われるようになりました。そのため、憲法はあらゆる決まりの中で最も強い力をもつ「**最高法規**」とされているのです。明治時代につくられた**大日本帝国憲法**は、まだ君主（天皇）の力をひじょうに強いものとしていましたが、現在の**日本国憲法**は国民中心の憲法になっています。

政党

政党とは、政治について同じような意見をもつ人たちがその意見を実現するためにつくる団体をいいます。このうち、内閣を担当する政党を**与党**、与党に対して反対の立場に立つ政党を**野党**といいます。

議会では、多数決でものごとを決めるので、議員は一人だけでは自分の意見を国の政治に反映させることができません。そこで、自分の意見を反映させるために同じ意見をもつ人たちをあらかじめ集めておくことが必要になってきます。

政党は、近代の議会による政治が確立するとともに発展してきました。複数の政党が存在し、国民が自分の考え方にしたがって支持する政党を選ぶことで、政党は国民と国会・内閣の間を結びつける働きをしています。

選挙のしくみ

日本の**国政選挙**は２種類のしくみを組み合わせています。

１つ目は、**選挙区制度**といいます。複数の選挙区をつくり、選挙区ごとに議員を選出します。衆議院は１選挙区から１人を選出する**小選挙区制**ですが、参議院の選挙区制度では１回の選挙で選出される議員数が１～６人までの幅があります。

もう１つは**比例代表制**です。各政党の得票数に比例して名簿順に議席を配分するしくみで、有権者は原則として政党に投票します。衆議院では全国を11のブロックに分け、ブロックごとに配分を行います。参議院は、日本全体を１ブロックとして議席を配分します。政党と個人のどちらにでも投票できることが特色で、**非拘束名簿方式**といいます。ただし2018年から政党が当選順位をつけた名簿をつくる「特定枠」制度が導入されました。

衆議院と参議院のちがい

衆議院		参議院
465人（小選挙区選出 289人、比例代表選出 176人）	議員定数	248人（選挙区選出 148人、比例代表選出 100人）
4年（ただし解散のときは、任期中でも解任される）	任期	6年（ただし3年ごとに半数を改選する）
18歳以上	選挙権	18歳以上
25歳以上	被選挙権	30歳以上
ある	解散	ない

入試によく出る時事キーワード

日本のおもな行政機関

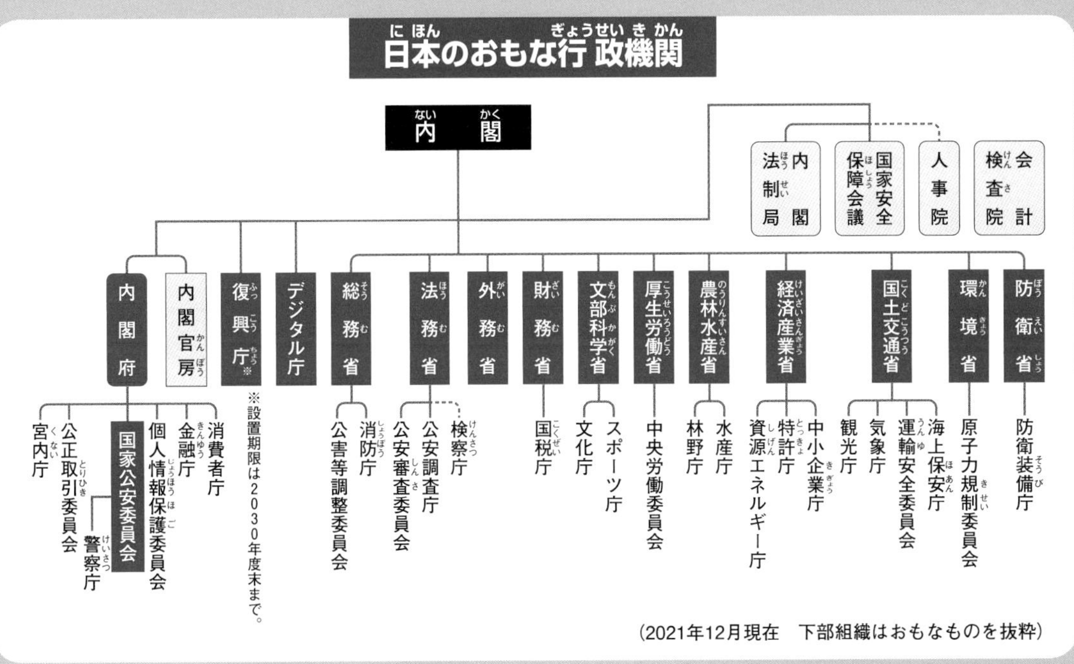

（2021年12月現在　下部組織はおもなものを抜粋）

議院内閣制

内閣が国会の信任にもとづいて成立し、内閣は国会に対して責任を負っているしくみを**議院内閣制**といいます。

議院内閣制のもとで、内閣が行う政治が信頼できないとき、衆議院は内閣不信任の決議を行います。**内閣不信任**決議が可決されると、内閣は、10日以内に**衆議院を解散**させるか、**総辞職**しなければなりません。また、たとえ、内閣が衆議院を解散した場合でも、総選挙後の初めての国会（特別国会）で、内閣は総辞職をすることになっています。

このように、日本の議院内閣制は、立法権（国会）と行政権（内閣）が深い関係にありながらもおたがいにおさえあう制度です。これに対して、アメリカなどの**大統領制**は、立法権と行政権をはっきりと分けていることが特徴で、大統領も議会の議員も国民によって選挙されています。

議院内閣制のしくみ

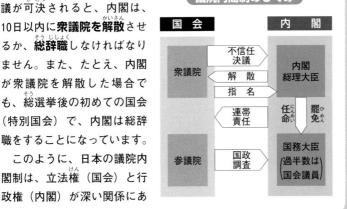

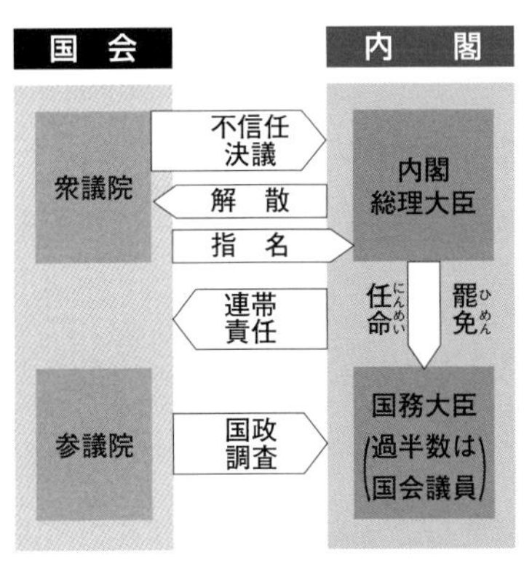

連立内閣

二つ以上の政党によってつくられる内閣を**連立内閣**といいます。

国会では、原則として過半数の賛成でものごとを決定します。そのため、過半数をしめる政党がないときには、ひとつの政党だけではものごとを決定することができません。そこで、政権を安定して担当していくために、過半数となるように複数の政党が組んで内閣を組織するのです。

14

裁判

えっ！ 私たちが裁判官!?

君も、裁判官

たとえば、お金の貸し借りで問題がおこったとき、ふつうならどうやって解決するでしょうか。話し合いでおたがいが納得すれば、それがいちばんいい方法です。

もし、いくら話し合っても納得できないとすれば、力にうったえて解決するというのではなく、裁判で解決するという方法が有効です。争いとは関係のない人に解決をまかせるのです。

模擬裁判で、裁判長が被告に判決を述べているようす。2009年に、ふつうの国民が裁判官とともに裁判を行う制度がスタートしたんだ。

こうした専門の裁判官による裁判は、今ではどこの国でも行われています。しかし、国によってその形はさまざまです。国によっては、一般市民も裁判に参加させて専門の裁判官といっしょに判断を下すという方法をとる国もあります。日本でも、こうした方法をとっています。ふつうの国民が裁判官と同じように裁判を行うのです。こうした制度を「裁判員制度」といいます。

テーマ

裁判の問題

裁判にかかわる人は特別な人だけではありません。2009年から、国民の中から選ばれた人が裁判官とともに裁判を行う裁判員制度が始まりました。

裁判で裁かれるもの

裁判では何が裁かれるのでしょうか。裁判には刑事裁判と民事裁判の２つの種類があります。刑事裁判は犯罪をおかした人を裁く裁判です。また、民事裁判はお金や土地、家族についての争いなど個人の間の問題を裁く裁判です。

このうち裁判員制度の対象となるのは刑事裁判です。

裁判員に選ばれた人は、専門の裁判官と話し合って、被告人が有罪か無罪かを決めます。さらに、同じようにして、どのような刑罰にするかという「量刑」（刑罰の種類）をも決めるのです。

時間のかかる裁判

日本の裁判は、とても長い時間がかかることで有名です。その理由のひとつとして、裁判官や弁護士などの法律家の数が非常に少ないということがあげられます。また、日本の司法制度そのものが複雑だという理由もあげられます。さらに、裁判への国民の関心がうすいということもいわれています。

こうした司法制度を改革する必要性が求められ、裁判員制度の導入や、法律家を育てるしくみの改革などが始まっています。これからの日本の司法制度を大きく変える一歩がふみ出されたのです。

裁判員に選ばれたら？

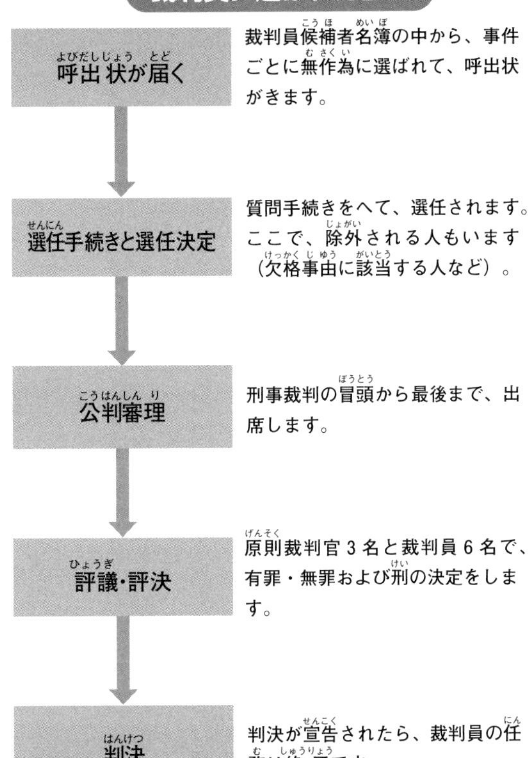

呼出状が届く
裁判員候補者名簿の中から、事件ごとに無作為に選ばれて、呼出状がきます。
選任手続きと選任決定
質問手続きをへて、選任されます。ここで、除外される人もいます（欠格事由に該当する人など）。
公判審理
刑事裁判の冒頭から最後まで、出席します。
評議・評決
原則裁判官３名と裁判員６名で、有罪・無罪および刑の決定をします。
判決
判決が宣告されたら、裁判員の任務は終了です。

世界各国の裁判への市民参加のようす

陪審制の国		
国名	裁判官の数	陪審員の数（例）
アメリカ	１名	12名
イギリス	１名	12名
カナダ	１名	12名
ロシア	１名	12名

参審制の国		
国名	裁判官の数	参審員の数（例）
フランス	３名	２名か６名
イタリア	２名	６名
ドイツ	３名	２名

「陪審制度」では国民から選ばれた陪審員が有罪か無罪かを決定し、裁判官が量刑を決定します。「参審制度」では一定の任期の間、参審員と裁判官との合議で、すべての審理が行われます。

14

えっ！ 私たちが裁判官!?

裁判

だれが罪を裁くのか——神・人・法による裁判

人びとが集団で生活するようになると、人と人との間にさまざまな摩擦がおこるようになります。摩擦をおこした人どうしがうまく解決できないとき、何かほかのものに解決をまかせるようになります。こうして裁判が生まれたのです。

大昔、まだ、国が国としてじゅうぶんにまとまっていないころ、裁判は多くの場合、宗教的な考えのもとに行われたようです。うったえが出されると、集落の指導者が神のお告げにしたがって、刑罰を加えたのでした。

たとえば、日本には「盟神探湯」という裁判のやり方がありました。これは、争っている人たちに、神に誓いをさせ熱湯の中に手を入れさせて、ただれるかどうかで、うそか本当かを判断する方法でした。こうした方法は世界各地で行われていました。

やがて、国家がつくられ王があらわれると、王自身または王に仕える役人が裁判を行うようになりました。しかし、王や役人は裁判を専門に行う裁判官ではなく、あくまでも王であり役人であったのです。行政を行う立場の人が裁判も行ったのです。中国の影響を受けた昔の日本の裁判制度も、役人が裁判を行うという形をとっていました。

西アジアや中国、エジプトなどでこのような裁判が行われていたころ、古代ギリシャや古代ローマではまったく異なる裁判のしくみが発展しました。

市民の中から選ばれた人びとが裁判を行ったのです。さらに、古代ローマでは、うったえの内容を審査する専門の役人も置かれたのです。

近代的な裁判制度が発達したのはイギリスでした。イギリスでは今から800年ほど前、すでに巡回裁判官制度と陪審制度が始まっていました。国王が任命した裁判官とはいえ、専門の裁判官が生まれたのです。

しかし、こうした裁判制度は、その複雑さもあり、ほかの国には広まりませんでした。多くの国は、相変わらず国王と役人による裁判を続けていたのです。

行政と裁判とが完全に分離し、近代的な裁判制度が広く行われるようになったのは19世紀になってからでした。

明治時代になった日本でも、ヨーロッパにならって近代的な裁判制度がつくられていったのです。裁判所のしくみも整えられ、そして、それと並行して、裁判を行うための法律である刑事訴訟法や民事訴訟法も整備されていきました。法律にしたがって裁判が行われるようになったのです。

テーマに関するおもなできごと

司法に関するおもなできごと

701年	大宝律令により中国にならった司法制度が導入される
10世紀	検非違使庁による裁判が発達 （検非違使はおもに京中の警察や裁判を担当した役職）
1232年	御成敗式目が制定され、土地関係の裁判が大きく発展する
1742年	公事方御定書が制定される
1875年	大審院が設置される
1876年	代言人規則が制定される （弁護士制度が始まる）
1880年	治罪法が制定される （治罪法は刑事裁判の手続きを定めた法律）
1889年	大日本帝国憲法により「司法権の独立」が定められる
1890年	刑事訴訟法と民事訴訟法が制定される
1923年	陪審法が制定される （日本の陪審制度は、この法律にもとづき、1928年から1943年まで15年間続いた）
1947年	裁判所法が制定される 最高裁判所が設置される
2001年	司法制度改革推進法の成立
2004年	法科大学院が相次いで開校 裁判員法が成立
2009年	裁判員制度が始まる

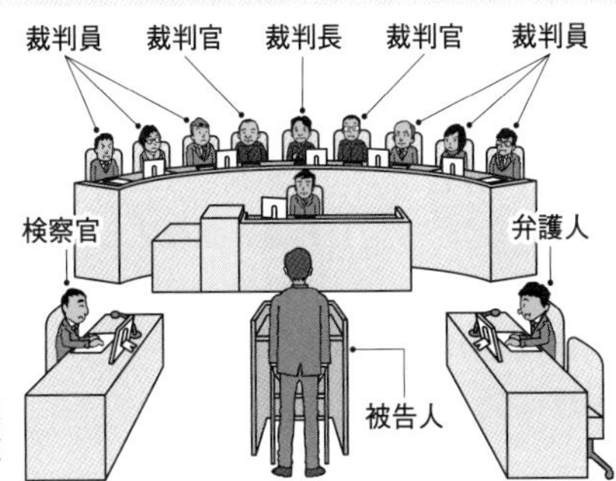

●裁判員の配置

▲江戸時代の裁判のようす

●武士の時代の裁判、秘密の法典

江戸時代は奉行所や代官役所が裁判所としての役割をはたしました。裁判はそれ以前の慣例によって行われていましたが、それらをまとめたものが公事方御定書です。これは秘密の法典であり、裁判を行う一部の人しか見ることができませんでした。

●司法権の独立を守る（大津事件）

明治時代、日本訪問中のロシア皇太子が日本人に傷つけられる事件がおきました。政府は犯人を死刑にするよう大審院に命じましたが、当時の大審院長は法律にしたがい無期懲役の判決を下しました。これは政府の圧力から司法権の独立を守ったできごととして注目されました。

▲最高裁判所大法廷のようす

●日本国憲法が定めた裁判所

最高裁判所の前身である大審院は、1890年に制定された裁判所構成法によって最高裁判所としての地位を得ました。しかし、現在の最高裁判所は、日本国憲法によって設置された裁判所で、その権限や裁判官についての基本的なことも憲法に定められています。

14

えっ！ 私たちが裁判官!?

裁判

違憲立法審査権

国会でつくられた法律が憲法に違反しないかどうかを裁判所が審査し、違反する場合には法律を無効とすることができるという裁判所の権限をいいます。

文書として明記された憲法が存在していても実際に守られなければ決まりとしての意味がありません。そこで、憲法が守られるようにするためにこうしたしくみがあります。

日本国憲法では、一般の裁判所（最高・高等・地方・家庭・簡易の５つの裁判所）が**違憲審査**を行います。この制度には、国民から選挙された国会の考えを裁判所が審査することは民主制に反しているとの疑問があります。しかし、多数決による決定ではないため、少数派の基本的人権を保障することができるという長所があります。

裁判官の独立

裁判官は、憲法・法律と「自分の良心（正義の心）」だけにしたがって裁判を行います。このことは、日本国憲法第76条３項に定められていて、**裁判官の独立**といいます。

これは、裁判官が判決を下すときに、立法権や行政権などほかの政治権力からの干渉を受けないことはもちろん、裁判所内部でも命令や圧力を加えられることなく、独立して裁判を行うということを意味しています。こうした独立性を保つため、裁判官の身分や地位は、ほかの公務員にくらべて特別に強く保障され、たとえば憲法第78条には、心身の故障以外には、弾劾裁判によらなければやめさせられないことが定められています。

このような「裁判官の独立」という原則や考え方は、過去に国王や皇帝などが司法を支配して、恣意的な裁きをすることで国民の自由を侵害してきた反省にもとづくもので、公平・公正な裁判のためにはなくてはならないものです。

裁判員制度

一般の国民が事件ごとに刑事裁判に参加して裁判官といっしょに有罪・無罪を判断し、有罪の場合には刑罰を決める制度です。対象となるのは、殺人や放火などの重大な**刑事事件についての第一審**です。

司法という国家の作用は専門的な知識を必要とします。裁判官は、法律の専門家がつとめるもので、その職につくために国民から選挙される必要がありません。そうすると司法に国民の意見を反映させるための制度が別に必要となります。そこで、市民が直接、裁判に参加する制度として**裁判員制度**が導入されました。

弾劾裁判

弾劾裁判とは、裁判官を裁く裁判のことです。裁判官が、身分にふさわしくない行為や職務上の義務に違反した場合、裁判官を辞めさせるかどうかを判断しなければなりません。それを決めるのが弾劾裁判所です。裁判官は、心身の故障以外には、「弾劾裁判」によらないかぎり辞めさせられることはありません。

弾劾裁判所は、国会に設置されています。裁判員は衆議院と参議院から７名ずつ、合計14名の国会議員で構成されています。そして審理に関与した裁判員の３分の２以上が**罷免**（やめさせること）に賛成した場合、その裁判官は罷免されます。また、失われた資格を回復するための裁判も、弾劾裁判所で行うことができます。

入試によく出る時事キーワード

刑事裁判と民事裁判

刑事裁判とは、ある人が犯罪を行ったかどうかを判断し、犯罪を行ったと認められる場合にどのような刑罰を科するのかを決める裁判です。これに対して、**民事裁判**とは、個人の間の財産や家族関係などについての争いを解決する裁判です。

民事裁判では、うったえをおこすことによってだれでも当事者になることができます(うったえる側を**原告**、うったえられる側を**被告**といいます)。民事裁判では、原則として成人であれば、一人でうったえをおこすことができますが、法律上の知識にくわしい**弁護士**に代理人となってもらうことができます。

これに対して、刑事裁判でうったえをおこすことができる(原告となることができる)のは**検察官**だけです。また、うったえられる側(犯罪をおかしたとされ刑罰を受けるよう求められている側)を被告人といいます。被告人には弁護人を依頼する権利があります。

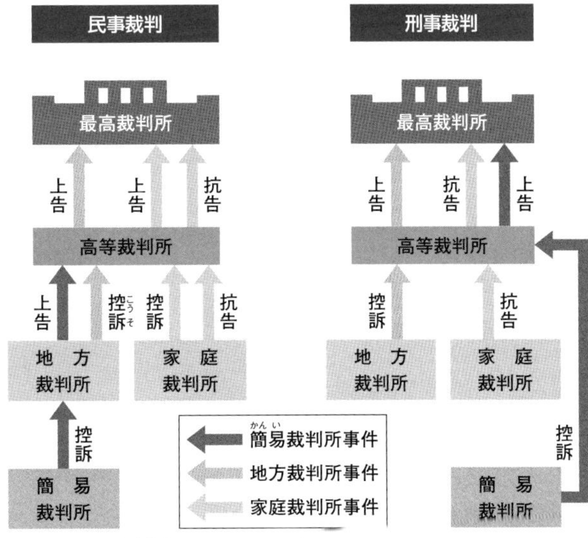

それぞれ、裁判は3回まで受けられます。

再審

日本は三審制をとっており、同じ事件について三回目の判決が出ると、それが確定となります。しかし、判決が確定したあとに新しい証言が出てきたり、科学の進歩によって事件当時にはわからなかったことがわかったりすることで、犯人が犯人でない可能性が出てくることもあります。そのようなときに、裁判をやり直すことを**再審**といいます。

これまでの多くの再審事件には同じような原因があります。その代表的なものが、①警察官がじゅうぶんな証拠もないのに容疑者を犯人と思いこみ、ほかの可能性を調べようとしなかった。②警察での長時間のきびしい取り調べに容疑者がたえられなくなり、やってもいないのに「やりました」と言ってしまった。などです。

近年、話題になった再審事件である**足利事件**では、無期懲役の判決確定後9年たってDNAの再鑑定が行われ、再審で無罪判決が確定しました。無罪になったとはいえ、事件発生から20年もの間、無実の罪に問われていたということになります。再審は、このような**冤罪**による人権侵害を防ぐためにも必要な制度なのです。

15 税金はどう使われているの？

財政

君も納税者

定価が100円のノートを買おうと思いました。しかし、100円では買うことができません。そうです、定価の10％が消費税として加えられるのです。この消費税はノートなどの文房具だけでなく、服や電気製品、食料品などすべての商品にかかります。また、映画を見てもレストランで食事をしても消費税がかかるのです。子どもから大人まで、消費税分のお金を支払っているのです。

税金は消費税だけではありません。働いて得た収入にかかる税金もあります。土地や建物、さらに、相続した遺産にかかる税金もあります。

こうして集められた税金はどのように使われるのでしょうか。

税金の使い道

国が道路や橋をつくったり、お年寄りに年金を支払ったり、生活に困っている人を助けたり、文化財を保護したり、さらに自衛隊の装備をよくしたりするのにはお金が必要です。税金はこうしたことのために使われているのです。

国民から集めた税金ですから、その使

国の仕事を行うためにはお金が必要になります。必要なお金の多くは国民が納めた税金でまかなわれるため、その使い道は常に監視されていなければなりません。

2019年10月1日から消費税が値上げされた。軽減税率の混乱を防ぐために、飲食コーナーにはこんな看板が立ったよ。

い道はしんちょうに決めなければなりません。税金の使い道は、内閣がもとになる案をつくり、国会に提出します。国会では何か月もかけて話し合いが行われ、いろいろな修正が加えられ、決定されます。こうした、お金を集めて、使い道を決める仕事を財政といいます。

足りないお金

景気がよければ会社の利益も多くなり、会社から納められる税金も多くなります。逆に、不景気になれば税金は少なくなります。個人の収入にかかる税金も同じです。

税金だけで足りなければ借金をしなければなりません。借金をすればそれを返さなければなりません。しかも、借りただけ返せばいいというわけではありません。利子をつけて返さなければならないのです。

高齢化による社会保障関係費の伸びなどにより、国の借金は大きくふくれ上がりました。そして、それを返すために使われるお金も国の財政を圧迫しているのです。国が1年間で支出するお金の4分の1ほどがこうしたことに使われているのです。

公債(国の借金)の発行額と公債残高(返さなければならないお金)

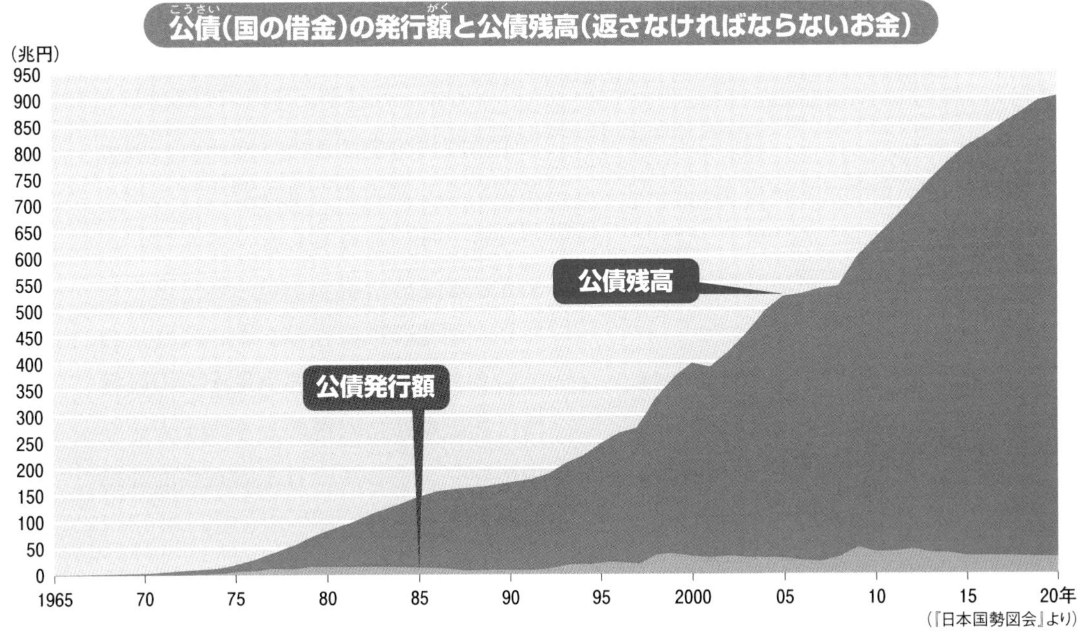

(『日本国勢図会』より)

15

税金はどう使われているの？

財政

国ができると税が必要になった——税と税金

国がいろいろな仕事をするためには、仕事をするのに必要な資金や資本を集めなければなりません。国としての形が整うと、ほとんどの国は、まず、税を集めるしくみをつくります。

税は、今ではお金で納められることがふつうですが、お金で税をとる、つまり税金という考え方が広まっていったのはそれほど昔のことではありません。お金が流通していなければ、税金を集めても意味はないからです。

農業が始まり、国というまとまりができると、支配する人と支配される人という関係がはっきりするようになりました。その結果、支配する人は支配される人から税をとることができるようになったのです。そして、このころの税のほとんどは収穫された作物で納めさせることがふつうでした。

税を意味する漢字には「税」のほかに「租」という文字があります。どちらも「禾」偏です。この「禾」という文字は、もともと麦や稲の穂が実ったようすをしめしたものだそうです。その「禾」偏を使っているということは、かつて、税は麦や稲などで集めていたことに関係します。古代中国の税は稲や麦で納めさせていたのです。日本も同じです。

麦や稲以外にも布や皮、あるいは労働すら税となったのでした。どのようなものが税として納められたか、というのは国や地域によってさまざまでした。

日本の税の歴史を見ると、長い間、「田租」つまり田からの収穫物（稲・米）で納めさせるものが中心でした。

今から1300年以上前、中国にならって農民から稲で税を納めさせる制度が定められました。その後も、納めさせかたはいろいろと変化しましたが、稲（米）で税を納めさせるしくみは江戸時代まで続きました。

それが現金で納めさせるように変わったのは、明治時代になってからでした。土地の値段（地価）をもとに税金を取るようになったのです。これを「地租」といいます。それまでは不安定な米のとれ高が基準になっていた税が、地価という安定した基準に変わったのでした。

明治時代の半ばごろになると、地租だけでなく個人や会社の収入にも税をかけるようになりました。さらに、さまざまなものに税がかけられるようになり、地租の重要性はしだいにうすれていきました。土地と土地からの収穫物に基礎をおいた税のしくみが大きく変わり、こうして、日本の近代的な税制度が発達していったのです。

テーマに関するおもなできごと

財政に関するおもなできごと

646年	大化の改新の詔が発せられる（古代の税制の基礎がきずかれる）
1582年	**太閤検地が始まる**
1871年	明治時代、円・銭・厘の新貨が定められる
1873年	地租改正条例が制定される
1882年	日本銀行が設立される
1887年	所得税が創設される
1917年	金の輸出禁止（→1930年　輸出解禁）
1927年	金融恐慌がおこる（→銀行の営業が苦しくなり、45の銀行が休業する）
1929年	世界恐慌が始まる（→アメリカの株価暴落が原因で世界各国の経済が急速に悪化）
1946年	戦後、**新円が発行される**
1949年	単一為替レート決定（１ドル＝360円）
1965年	戦後初の国債発行が決定
1971年	円が切り上げられる（１ドル＝308円）
1973年	円を変動相場制へ移行（円の価値が経済の状態や各国通貨との関係で一定ではなくなる）
1983年	**国債残高が100兆円を突破**
1989年	消費税が３％で導入される
1997年	消費税が５％に引き上げられる
1999年	**国債残高が300兆円を突破**
2009年	**国債残高が600兆円を突破**
2014年	消費税が８％に引き上げられる
2019年	食料品等をのぞき、消費税が10％に引き上げられる
2020年	**国債残高が900兆円を突破**

▲江戸時代の年貢の取り立てのようす

●土地を調べて税をとる

明治時代になるまで税は米で納められていました。米で税をとるためには、耕地の面積や米のとれ高、耕作者を正確に知る必要があります。こうした土地調査を検地といい、検地を全国的に行ったのが豊臣秀吉でした。その結果、農民は土地にしばりつけられるようになり、税をきびしく取り立てられるようになったのです。

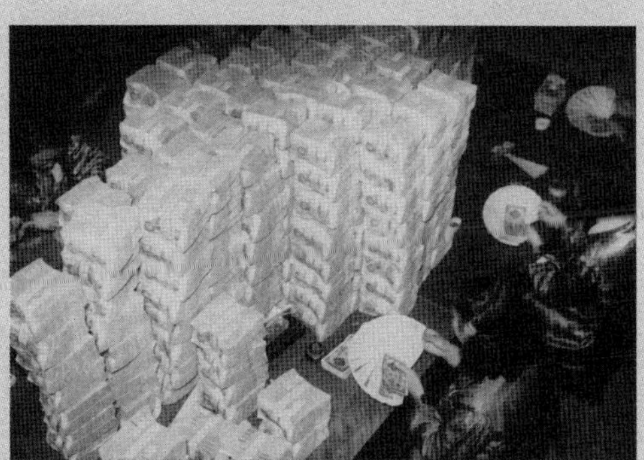

▲新円切り替えでにぎわう郵便局の窓口

●新しい「円」

戦後の猛烈なインフレーションをおさえるため、古い銀行券を強制的に銀行などに預け入れさせ、新しい銀行券による引き出しを一定限度内に限って認めるという措置がとられました。これを「新円切り替え」といいます。

●日本は借金国家？

1983年の国の税収は34兆円で、2020年は64兆円でした。それに対して国が１年間に使うお金は、1983年は51兆円で、2020年は103兆円でした。足りない分の多くは借金をしているのです。そして、借金を返すために、またお金が必要になるのです。

15

税金はどう使われているの？

財政

財政

財政とは、国がその仕事を行うために必要なお金を集め、管理し、使う働きをいいます。

国が活動していくには、ばく大な資金を必要としますが、それは国民が負担しなければなりません。そこで、憲法第83条は、国の財政に関する権限は国会の議決にもとづいて行使されることを定め、財政の民主的なコントロールを認めています。

また、現代の経済は、民間の市場経済と公共的な経済の両方が混合した経済となっています。財政は、利益を優先される市場経済では実行できないさまざまな経済活動を行っています。また、不景気のときに**公共事業**をふやすことで雇用をふやし、景気を回復させる働きがあります。

直接税と間接税

政府が政治を行うため国民から強制的に集めるお金を**租税**といいます。租税は、税金を負担する人（A）と税金を実際に税務署などに納める人（B）が同じかどうかによって、直接税と間接税に分かれます。

直接税は、上記のA・Bが同じ税のことです。直接税には、個人の１年間の所得に対してかかる**所得税**、会社などの事業活動によって生じた利益に対してかかる税金である**法人税**、死亡した人の財産を相続するときにかかる**相続税**などがあります。

間接税は、上記のA・Bが異なる税のことです。間接税には、モノやサービスの消費に着目しその取引価格に対して課税される**消費税**、酒類に課税される**酒税**、外国からの輸入品の価格に課税される**関税**などがあります。

公債

政府が、政治を行うのに必要なお金を確保するためにする借金を**公債**といいます。

政府の本来の収入は**租税**ですが、歳出を租税だけでまかなえない場合は、政府が公債を発行して資金を確保することがあります。租税とちがうのは、第１に、租税収入は返済の必要がないのに対して、公債は将来の租税収入で返済しなければならない点です。第２に、租税が国民に対して強制的に課されるものであるのに対して、公債の購入は国民の自由な意思にまかされている点です。第３に、租税収入を増加させることは国民の反感を買いやすいのに対し公債は比較的発行しやすく、短期に多額の収入を確保できます。

とはいえ、公債の発行は将来の国民につけを回すことになるわけですから、安易な発行はつつしむべきです。

国の予算

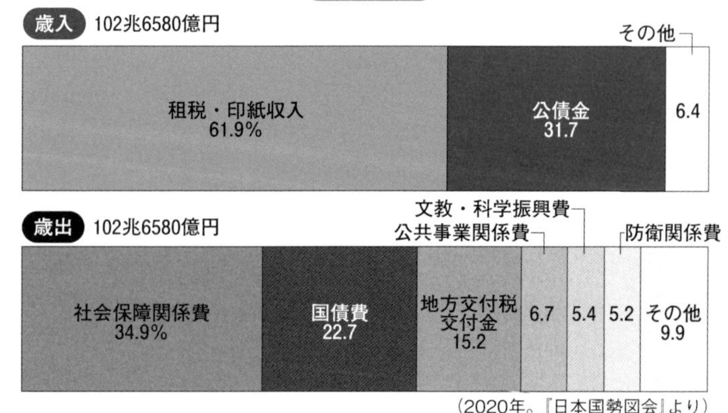

（2020年。『日本国勢図会』より）

入試によく出る時事キーワード

消費税

間接税のひとつです。酒税やたばこ税などのように特定のモノやサービスに課税する個別間接税とは異なり、すべての消費に対して、広く負担を求めるのが**消費税**で、2020年現在、税率は**10%**です。

消費税は**1989年に３%**の税率で導入され、**1997年には税率が５%**に引き上げられました。その後、**2014年４月に税率が８%**になり、**2019年10月から一部をのぞき、10%**になりました。

今の日本は、少子高齢化によって現役世代がへりつつあります。年金をはじめとする**社会保障制度**は、働き手となる現役世代がささえていますが、今のままでは負担がふえる一方です。そこで、政府は消費税を上げることで、国の社会保障制度をなんとか維持しようとしているのです。

しかし、消費税をさらに上げることは、国民の生活をさらに圧迫するものだとして、食料品などは８%にすえ置きになりました。このように生活必需品など一部の品目の税率を低くするしくみを**軽減税率**といいます。

公共事業

国または地方公共団体が財政資金を使って行う事業をいいます。学校・図書館・公園・病院の建設、道路・港湾・上下水道の整備、河川の改修などの事業がそれにあたります。

豊かな国民生活を実現するためには、生活関連の社会資本の整備が必要となります。

また、景気対策として、金回りをよくするために公共事業をふやすことが行われています。財源を公債にたよることが多くなり、財政赤字の原因とされています。

社会保障制度

憲法は、**第25条**で「すべて国民は、健康で文化的な最低限度の生活を営む権利を有する。」と国民の**生存権**を保障し、さらに「国は、すべての生活部面について、社会福祉、社会保障及び公衆衛生の向上及び増進に努めなければならない。」とし、**社会保障制度**を運営することを国に義務づけています。この制度は、厚生労働省が中心となって運営されています。高齢化の進展によって、社会保障関係費が増大し、このままでは、現在の保障のレベルを維持することが困難な状況にあります。

社会保障制度の内容

国民からお金を積み立て、病気、失業、高齢になったときなどに給付する**社会保険**

親のいない子ども、身体障がい者などを助ける**社会福祉**

経済的に苦しい人を助ける**生活保護**

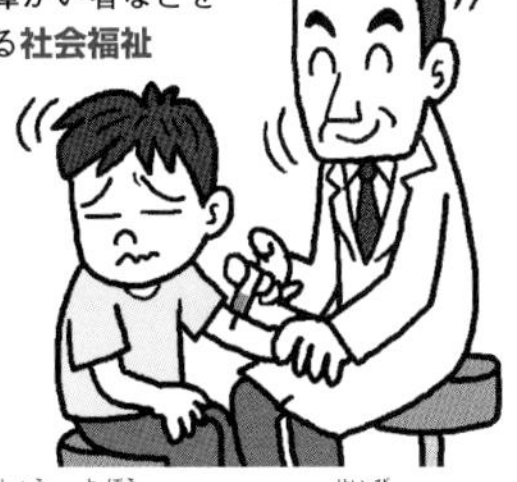

感染症の予防や上下水道の整備など保健所の仕事を中心とした**公衆衛生**

16

地方自治

政治の主役は私たち住民

地域の人びとと政治

子どもが安全に遊べる公園をつくってほしい。衛生のことを考えて下水道をつくってほしい。図書館を近くにつくってほしい。

こんな願いは、人がくらすいたるところにあります。「住民を中心とする政治」ということを考えたとき、まず、その土地に住む人の考えを実現することが大切です。地域の住民の願いを実現するためには、その地域に密着した政治が行われなくてはなりません。国の命令で地域の政治が動くのではなく、地域の政治はそこに住む住民によって動くべきだということなのです。

米軍の基地問題をかかえる沖縄では、たびたび住民投票が実施されてきた。住民の声は届くのかな？（沖縄県那覇市）

こうした考えで、今の日本の政治は行われています。そのため、都道府県知事や市町村長、地方議会の議員は地域住民の直接選挙によって選ばれます。そればかりではありません。住民は、長や議員をやめさせることもできるのです。

テーマ

地方自治の問題

都道府県や市町村の政治は、国の政治よりも身近なものです。身近な政治なので住民の参加もより活発に行われ、政治を理解（りかい）するためのよい機会を提供（ていきょう）してもいるのです。

「自治体」って何だろう

都道府県や市町村を地方自治体（地方公共団体）といいます。こうした地方自治体は、より地域住民に密着した政治を行うために置かれています。政治を行う力を国と地方とに分けているのです。

今、日本には47の都道府県があります。また、792の市と743の町、183の村（2020年１月１日　北方領土はふくまない）があります。近年の町村合併（がっぺい）により、町村はその数を大きくへらしていますが、逆（ぎゃく）に、市の数はふえています。

こうした都道府県や市町村が仕事を行うためにはお金が必要です。そうしたお金は、地域の住民からの税金（ぜいきん）や国の補助（ほじょ）によってまかなわれています。

改革（かいかく）と合併

今、多くの地方自治体はお金の不足になやんでいます。地域住民からの税金は、地方自治体で使うお金の40％ほどしかありません。そのため、必要なお金は、国から援助（えんじょ）を受けたり、借金をしたりして集めているのです。

また、最近急速に進んだ市町村の合併も、自治体の規模（きぼ）を大きくして、地方自治体の財政（ざいせい）を救おうとする目的をもっています。しかし、大きくなることによって、自治体の仕事が複雑（ふくざつ）になり、かえって住民へのサービスが悪くなるなどのマイナスの効果（こうか）も心配されているのです。

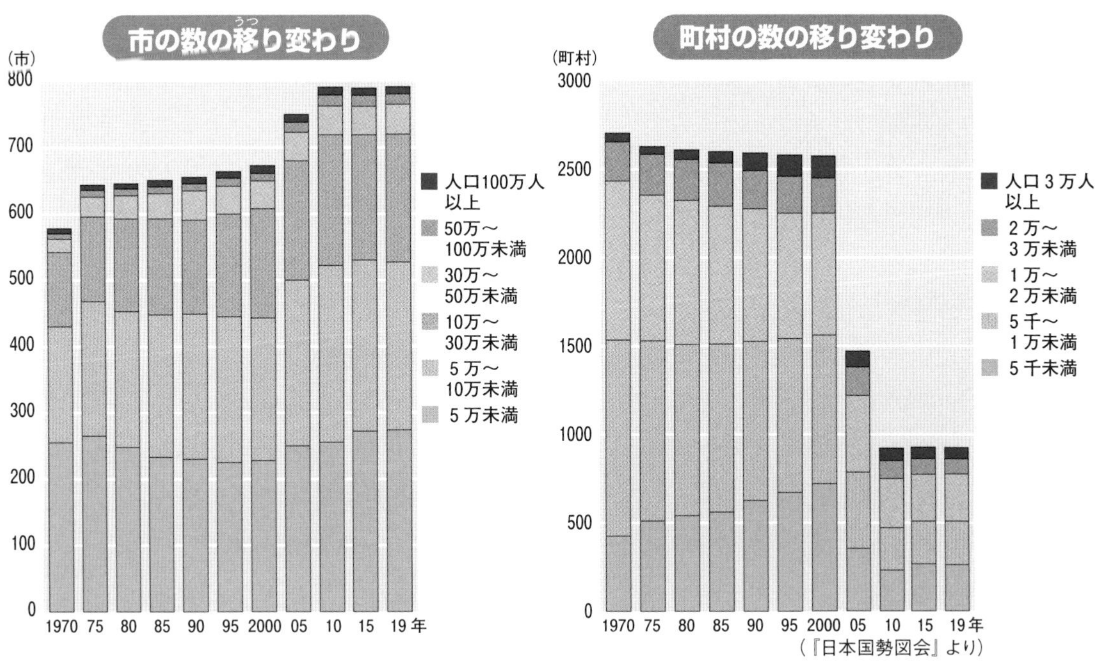

（『日本国勢図会』より）

16 地方自治

政治の主役は私たち住民

中央集権と地方自治——国の政治と地域の政治

国の中をいくつかの地域に分けて政治を行うやり方は、昔からありました。しかし、その地域に住む住民に、より密着した政治を行うという目的をもつようになったのは、70年ほど前からなのです。それまでは、国の仕事をよりやりやすくしたり、命令を全国すみずみにまできちんと伝えるために、いくつかの地域に分けていたのです。

今から1300年ほど前、天皇を中心とする国のしくみが整うと、税をきちんと取り立てるために、また、天皇の命令が全国にいきわたるように、全国をいくつかに分けることが行われました。全国をいくつかに分けるといっても、政治を行うすべての力は、天皇や天皇に直接仕える役人がもっていたのです。こうした政治のやり方を中央集権といいます。中央集権の政治はその後も長く続きました。ヨーロッパの政治のやり方を学んだ明治時代以後もそうでした。

明治時代の地方のしくみは、1871年の廃藩置県に始まります。しかし、近代的な地方自治のしくみが取り入れられたのは、1889年から実施された「市制町村制」以後のことでした。

市制町村制の実施によって、市や町村としての形をつくり、地方自治のしくみは取り入れたものの、その地域に住む住民の意思についてはほとんど考えられることはありませんでした。たとえば、「地域の住民が、名誉のために無給で市や町村の役職につくこと」が地方自治の基本的な条件と考えられたのです。

府や県に関しては、政府が選んだ知事が行政を行い、地域住民の政治という考えはほとんどありませんでした。そして、それが地方自治と考えられていたのです。

やがて、太平洋戦争が終わりアメリカによる占領が始まると、アメリカ風の考えによる地方自治が行われるようになりました。

今から70年以上前につくられた日本国憲法では、「地方自治はその地域に住む住民の意思によって行われる」という内容が定められました。そして、それにもとづいて、地域住民を中心として地方自治制度がつくられていったのです。

最近の地方自治の動きは、それをさらに推し進める方向に向かっています。国がもつさまざまな政治を行う力のうち、いくつかを地方自治体にうつし、地方自治体の力をより強くしようとしているのです。地方自治体をより強化し、地方分権を実現しようとする動きなのです。

テーマに関するおもなできごと

地方自治に関するおもなできごと

1869年	蝦夷地を北海道と改称する（→開拓使を設置し北海道の開拓を行う）
1871年	廃藩置県（3府306県→3府72県）
1876年	県を統合して3府35とする
1879年	沖縄県が設置される（→3府36県になる）
1882年	北海道に札幌・函館・根室の3県を設置する
1886年	北海道庁が設置される
1888年	愛媛県から香川県が分離し、43県が定まる
1889年	市制町村制が実施される
1890年	府県制が実施される
1943年	東京府が東京都になる（→1都2府43県になる）
1946年	北海道が設置され、沖縄県がのぞかれる（道府県制実施）（→1都1道2府42県になる）
1947年	地方自治法が実施される
1953年	町村合併促進法が施行される
1956年	横浜市、名古屋市、京都市、大阪市、神戸市が政令指定都市に指定される
1972年	沖縄県が日本に復帰する（→1都1道2府43県になる）
1995年	地方分権推進法が成立する（→663市2571町村になる）
2005年	市町村の合併が進む（→751市1466町村になる）
2014年	790市、929町村になる
2016年	791市、927町村になる
2018年	792市、926町村になる

●県の始まり

江戸時代が終わり明治時代になると、それまで大名が治めていた土地や人びとのすべてを国（明治政府）が直接治めるようになりました。そのため、大名が治めていた土地（藩）をなくし、政府から派遣された役人（府知事、県令）が治める「府県」が置かれたのです。

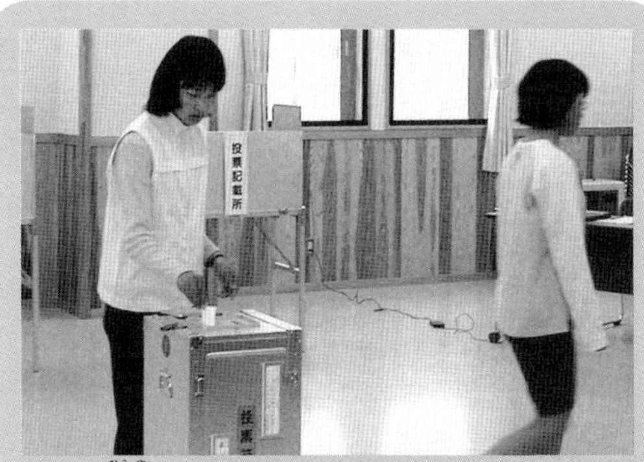

▲長野県平谷村の合併を問う住民投票には中学生も参加

●明治・昭和・平成の大合併

近代国家建設のために明治の大合併は行われ、本格的な地方自治を導入するために昭和の大合併は行われました。それに対して平成の大合併は、地域住民のために行われたといえるでしょう。そのため、住民投票によって合併を決めたところもありました。

▲沖縄県庁の表札除幕式

●復帰した沖縄

太平洋戦争後アメリカに占領されていた沖縄が27年ぶりに日本に返還され、47番目の県として沖縄県が誕生しました。しかし、その後も「基地沖縄」の性格は受け継がれ、現在も米軍基地の問題は沖縄がかかえる大きな問題となっています。

16

政治の主役は私たち住民

住民投票 **地方自治**

地方自治の基本原則

憲法第92条は、地方公共団体に関することがらは、地方自治の本来のあり方にもとづいて、法律で定める、としています。

地方自治の本来のあり方には、住民自治と団体自治の2つの要素があります。住民自治というのは、地方自治が地域の住民の意思にもとづいて行われるという**民主主義**の原則をいい、団体自治というのは、地方自治が国から独立した団体（都道府県や市町村など）によって行われるという**地方分権**の原則をいいます。

憲法でいう自治は、住民自治の原理をまず重視します。さらに、それを実現するためには、都道府県や市町村が国から独立して政治を行う必要があることから、団体自治の原理が導かれます。

直接請求権

直接民主制の考え方にもとづき、地方公共団体の住民が直接、地方公共団体の機関に対して一定の要求を行う権利のことをいいます。

住民が直接請求できることがらは次の4つの種類に分かれます。

第1は「**条例の制定と改廃**」です。地方議会が定める決まりである**条例**の一部を変えたり廃止したり、あるいは新たに条例をつくることを住民は地方公共団体の首長に対して請求できます。第2は「**地方公共団体の事務に関する監査請求**」です。住民は地方公共団体の仕事が適正に行われているかどうかを調べることを請求することができます。第3は「**議会の解散請求**」です。そして第4は「議員や首長などの解職請求」であり、これを「**リコール**」といいます。

住民投票

地方公共団体で、政治にかかわることがらをその地域の住民の投票によって決定する制度をいいます。

憲法では、第95条で、一つの地方公共団体だけに適用される特別な法律は、その地方公共団体の住民の投票でその過半数の賛成を得なければ、国会は制定することができないとし、地方自治特別法の**住民投票**が定められています。また、地方自治法では、議会の解散請求、議員・市町村長などの解職請求の可否にも住民投票によることが定められています。さらに、最近、各地方公共団体が独自の**条例**（地方公共団体が制定する法のこと）を制定し、その条例にもとづいて住民投票を行うことが多くなっています。

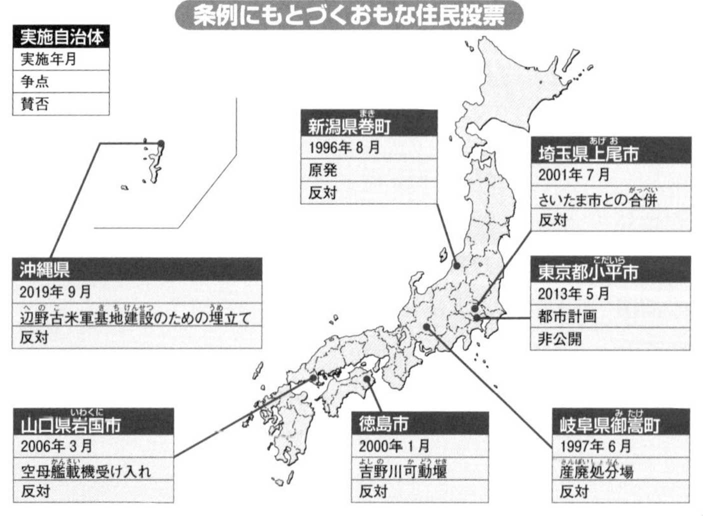

入試によく出る時事キーワード

特別区

特別区とは東京23区のことで、市町村と同じような権限をもつ自治体です。政令指定都市の区とはちがい、区ごとに議会があり、首長や議員は住民の直接選挙で決めます。また、条例も制定できます。2012年に政令指定都市と隣接自治体の人口が計200万人以上であれば、市町村を廃止して特別区を置ける法律が定められました。この法律にもとづき、2015年・2020年に大阪府が大阪市を廃止し特別区を設けようとした大阪都構想は住民投票で否決されました。

条例

条例とは、地方公共団体が、国の法律とは別に自主的に制定する法（決まり）です。

憲法では「地方公共団体は、（中略）法律の範囲内で条例を制定することができる」と定めています。

行政の手続きに関する条例をはじめ、公共施設の管理や環境・文化財を保護するための条例などもあります。

みなさんは、一人の意見で政治が動くはずはないと思っていませんか。個人の意見といえども決して無力ではなく、政治を変えることができるという例があります。

静岡市の中学１年生が、歩きたばこの禁止を求めて小学生時代から３年間署名を集めて市長に提出した結果、静岡市議会は、歩きたばこや公共の場所などでの喫煙を禁止する「静岡市路上喫煙による被害者等の防止に関する条例」を全会一致で可決しました。

21世紀は地方の時代だといわれています。このような条例を制定したり、**住民投票**を実施したりして、地方独自の政治に熱心に取り組んでいる市町村は少なくありません。

市町村合併

二つ以上の市町村が一つの市町村にまとまることをいいます。

1995年に改定された**合併特例法**では、合併に必要な条件がゆるめられました。また、政府による経済的な支援などが、2005年３月31日までに合併が完了した場合に実施されると定められ、合併しない市町村に対する経済的な支援や権限の制限を掲げていました。そこで、2003年から2005年にかけて、合併の動きはピークをむかえました。こうした一連の動きは「**平成の大合併**」とよばれています。政府が地方自治体へ支出する地方交付税交付金の削減の側面が大きいといわれます。

政令指定都市

政令指定都市（20都市が指定されている）になると、都道府県なみの財政上の権限を得られるため、政令指定都市になるための合併も多く見られました。

札幌　仙台　新潟　さいたま　名古屋　川崎　京都　広島　岡山　千葉　北九州　横浜　福岡　相模原　静岡　堺　浜松　熊本　大阪　神戸

（2020年12月現在）

17 安全保障

日本に米軍基地があるわけ

だれが国を守るのか

どんな国でも、自分の国の安全は自分で守ることが認められています。日本も例外ではありません。

自分の国を守ることが独立国の権利だとしても、どうやって守るか、ということは国によって異なります。

強い軍隊をもって、どこからも攻められないようにすることもできるでしょう。強力な軍隊をもつ国と同盟を結んで、たがいに守りあうというのもひとつの方法でしょう。日本は、アメリカとこうした同盟を結んでいるのです。

憲法の平和主義

日本国憲法は、「世界の国ぐにとの協力関係をつくって、日本を守っていこう」という平和主義を前面におし出しています。そのために、「戦力」はもたない、ともいっています。

「国と国との争いがおこったときは、話し合いなど、平和的な手段によって解決していこう。決して、力にうったえて戦争をおこすようなことはやめよう」といっているのです。

それでは、今、日本にある自衛隊は何をするための組織なのでしょうか。

テーマ

安全保障の問題

日本の安全はだれが守っているのでしょうか。自衛隊とアメリカ軍がその仕事を行っていますが、自衛隊と憲法の関係やアメリカ軍基地の問題など、多くの問題があります。

辺野古への移転問題でゆれる沖縄県宜野湾市の米軍普天間飛行場。周囲にたくさんの民家があり、墜落事故や騒音被害が問題に。

▲アメリカ兵と共同でがれきを撤去する自衛隊員（東日本大震災）

自衛隊の活動は、非常に広い範囲にわたっています。とくに重要な活動として、災害救助があげられます。多くの国民は、自衛隊の活動として、この災害救助を評価しているという事実もあります。

しかし、自衛隊には災害救助には関係ない軍事力があることも事実です。このことについては、自衛隊の軍事力は外国から攻められた場合にだけ、日本を守るために使うのだから「戦力」ではない、と多くの人がいっています。しかし、自衛隊の能力を考えると、外国を攻撃することもできるから「戦力」だという人も少なくありません。

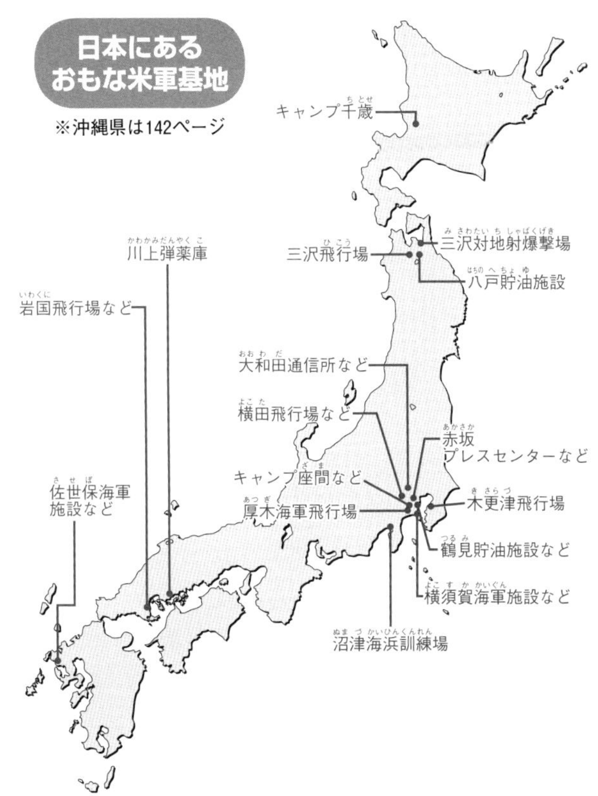

基地問題と自衛隊の海外派遣

日本の防衛を考えたとき、自衛隊だけが問題となるのではありません。日本には多くのアメリカ軍基地があり、アメリカの軍隊がいるのです。こうした基地問題は、日本の防衛についてだけではなく、日本がアメリカに対して払っているお金の問題や、基地の土地そのものの問題など、多くの問題をかかえています。

また、最近では、自衛隊の部隊が海外に派遣されて、戦争後の復興を手伝うことも多くなりました。しかし、これにしても、自衛隊の海外派遣として、日本国内だけでなく、一部の国ぐにからも反対の意見が出ているのです。

17

日本に米軍基地があるわけ

安全保障

連合国による日本の占領。アメリカ軍と自衛隊

1945年、日本はポツダム宣言を受諾し、終戦をむかえました。同時にアメリカを中心として、イギリスやソビエト連邦などの連合国が軍隊を日本に派遣し、日本の占領が始まりました。連合国軍は東京に最高司令官総司令部（GHQ）を置き、戦後の民主化を進めるための指令を次々に発していきました。その中に、日本の軍隊を解散する指令もふくまれていたのです。

日本の近代的な軍隊は、1873年に発布された徴兵令によってつくられました。徴兵令は国民がすべて軍隊に入るという「国民皆兵」の考えにもとづき、満20歳の男子を徴兵検査のうえ、3年間の軍務につけさせるというものでした。この軍隊が解散させられたのです。

1952年、前年に結ばれたサンフランシスコ平和条約によって日本は独立を達成しました。同時に、連合軍による占領も終了したのです。しかし、サンフランシスコ平和条約を結んだとき、日本は日米安全保障条約を結び、アメリカ軍を国内に残すことを認め、国防をアメリカ軍にたよるという形が成立していたのです。

これが決まる以前、アメリカは日本国内の治安を守るための新たな組織をつくることを求めていました。そして、1950年に警察予備隊が発足したのです。この年は、まさに朝鮮戦争が始まった年で、米ソの冷戦下、日本国内の治安維持が求められたのです。

国内の治安維持をおもな目的とした警察予備隊は、日本の独立にともない保安隊と名を変え、より軍隊に近い形になりました。さらに1954年には、日本の防衛をになう任務をもつ自衛隊が発足しました。もちろん、防衛の中心は日本に基地をもつアメリカ軍であることに変わりはありませんでした。

日米安全保障条約は、日米の共同防衛を明記した新安全保障条約として、1960年に結び直され、それが現在まで続いています。軍隊をもたない日本の防衛を、日本に代わってアメリカが行うという形から、日米の共同防衛という形に変化したのです。

冷戦終結後、世界の軍事情勢も変化しました。アジア各地のアメリカ軍基地も、撤退あるいは縮小されています。こうした中で、アメリカからも日本の防衛力強化などによるアメリカの負担減少が望まれているのです。

さらに、自衛隊の役割そのものも変化してきました。もちろん、国を守るという中心的な役割は変化していませんが、それまでは決して行われなかった海外派遣も行われるようになったのです。

テーマに関するおもなできごと

日本の安全保障に関するおもなできごと

1945年	日本の占領が始まる
1950年	朝鮮戦争が始まる
	警察予備隊が設置される
1951年	サンフランシスコ講和会議（サンフランシスコ平和条約・日米安全保障条約に調印）
1952年	日本が独立する
	警察予備隊を保安隊に改組
1954年	防衛庁が設置される
	自衛隊が発足する
1960年	日米新安全保障条約に調印（→「安保反対」運動が活発化する）
1964年	アメリカの原子力潜水艦が佐世保に初入港
1970年	新安全保障条約の自動延長
1971年	国会で「非核三原則」決議
1978年	日米防衛協力指針（ガイドライン）決定
1991年	湾岸戦争にともない、掃海艇をペルシャ湾に派遣
1992年	国連平和維持活動（PKO）協力法が成立
	国連カンボジア暫定機構へ自衛隊を派遣（自衛隊の部隊が初めてPKOに参加）
2001年	アメリカで同時多発テロがおこる
	テロ対策特別措置法が成立
2003年	イラク戦争
	自衛隊のイラク難民救援国際平和業務
2007年	防衛庁が防衛省となる
2014年	集団的自衛権の行使容認を閣議決定
2015年	安全保障関連法が成立

●占領された日本

1945年８月15日、日本は太平洋戦争を敗戦という形で終えました。８月30日、連合国軍最高司令官のダグラス・マッカーサー元帥が神奈川県の厚木飛行場に降り立ちました。このときから、1952年に独立を達成するまで６年８か月におよぶ占領が始まったのです。

▲サンフランシスコ平和条約に調印する吉田茂首相

●独立達成

サンフランシスコ講和会議は、旧連合国52か国が参加して開かれました。しかし、アメリカ主導のこの会議では、旧連合国の足並みがそろわず、社会主義国３か国が調印を拒否し、最終日に48か国が調印して終わりました。また、同じ日には日米安全保障条約にも調印し、アメリカ陣営に属するという形で日本は独立を達成したのでした。

▲カンボジアで道路補修の警備をする自衛隊員

●自衛隊の国際協力

自衛隊は日本を防衛するための組織です。そのため、自衛隊が海外で活動することはありませんでした。しかし、1991年の湾岸戦争がきっかけとなって、海外で自衛隊が活動する道が開かれ、この法律の制定につながっていきました。

日本に米軍基地があるわけ

平和主義

日本国憲法の前文には「私たち日本国民は、世界の人びとと親しく交わり、再び悲惨な戦争がおこることのないように決意して、この憲法を定めます。」と書かれています。また、第２章**第９条**には「国が命令する戦争は永遠におこさない」（戦争の放棄）そのために「陸海空軍その他の戦力を一切もたない」（戦力の不保持）、たとえ外国との間に争いがおこっても「武力を用いて戦うことは認めない」（交戦権の否認）と明記されています。

これらの内容から日本国憲法は平和憲法とよばれ、こうした憲法にもとづいて行われる日本の政治の方針を**平和主義**といいます。

普天間基地の移設

普天間基地は、沖縄県**宜野湾市**にあるアメリカ軍の基地です。この基地の近くには住宅や学校が多く、騒音問題や事故の危険が深刻な地域でした。

そのため、日本とアメリカの間で交渉がもたれ、普天間基地を日本に返還し、同じ県内の**名護市辺野古**へ移設するということが2006年に合意されました。

しかし、2009年に「普天間基地の県外移設」を公約に掲げて政権交代をはたした民主党の鳩山由紀夫内閣が、これを実現できずに退陣したため、事態が混乱しました。

2014年に沖縄県知事に当選した移設反対派の翁長雄志氏は、国との対決姿勢を強め、その死後に後継者として当選した玉城デニー氏も、工事中止をうったえています。

沖縄にあるおもな米軍基地

沖縄県の面積の約10％が、米軍専用施設として使用されています。
（防衛省ホームページより）

自衛隊

1950年に**朝鮮戦争**がおこると、連合国軍最高司令官は、日本政府に**警察予備隊**の設置を命じました。この警察予備隊は、日本国内で暴動や反乱など警察では手におえない大きな動乱がおきたとき、連合国軍に代わりこれをしずめる組織として発足しました。

その後、1952年に保安隊、1954年に自衛隊と名称を改め、その性格も他国の侵略行為に備えるための戦力を保有する自衛組織へと変わっていきました。このため、戦力を保持しないと定めた**憲法第９条**の内容から、**自衛隊は「合憲」か「違憲」か**という論議をよんできました。このようなあいまいな点を明確なものとするため、近年、**憲法改正**の動きが出てきました。また、2014年には第９条の解釈が閣議による決定で変更され、集団的自衛権が認められました。

入試によく出る時事キーワード

日米安全保障条約

1951年、日本が**サンフランシスコ平和条約**によって連合国からの独立をはたしたとき、同時に、アメリカと結んだ条約で、「両国がたがいの安全のために協力する」ことを目的としたものです。

太平洋戦争の敗戦後、日本はアメリカを中心とする連合国に占領されていましたが、1950年に**朝鮮戦争**がおこると、アメリカは日本を早く独立させ、アジアにおける**資本主義陣営**の中心地にしようと考えました。**日米安全保障条約**によって「日本をふくむ東アジアの平和を守るため」日本各地に**米軍基地**が置かれることになりました。

1960年の条約改正では「日本の領土内で日米どちらかが攻撃を受けたときには、両国は協力して防衛にあたる」という内容に、反対運動がおこりました。

日本の歳出にしめる国防予算の割合の移り変わり

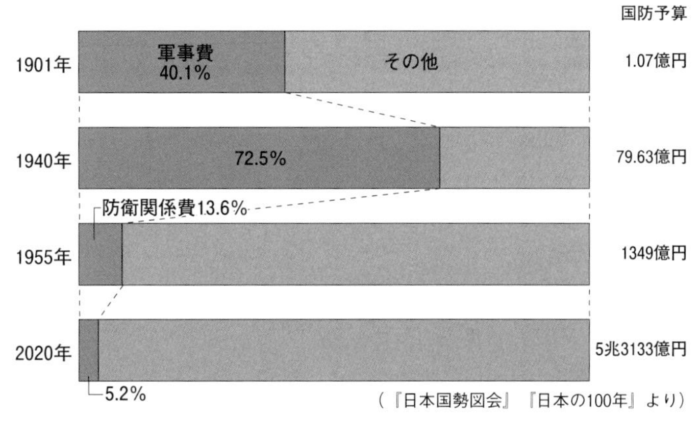

（『日本国勢図会』『日本の100年』より）

集団的自衛権

自国が直接攻撃されなくても、自国と密接なかかわりのある外国の国が武力攻撃をされた場合に、協力して阻止しようとすることができる権利を**集団的自衛権**といいます。

自国が直接攻撃を受けて、自国民の命が危機にさらされた場合、それを阻止しようとする権利は**個別的自衛権**といい、これについてはどの国家ももっているとされます。その一方、集団的自衛権については、**憲法第９条**に定められた平和主義とのかねあいから、行使はむずかしいと考えられてきました。

しかし、**安倍内閣**は2014年、憲法の解釈を変えることで集団的自衛権の行使を容認することを閣議決定したのです。これによって、たとえばアメリカ軍などが攻撃を受けた際に、日本はアメリカ軍と協力してこれを阻止するための行動をとることが可能になります。この解釈変更については、多くの国民から反対の声があがり、2015年の**安全保障関連法案**の採択時には国会を取り囲む大規模なデモが何日にもわたって行われました。

安全保障関連法

2014年７月、**安倍内閣**は、**集団的自衛権**の行使を容認する憲法の解釈変更を、閣議で決定しました。この解釈変更にもとづいて、内閣は**安全保障関連法案**を作成しました。

自衛隊法や国連PKO協力法など安全保障に関係する10の法律の改正案と、新しい法律である国際平和支援法案をまとめた法案で、これは2015年９月に成立しました。

法案の成立によって、自衛隊の活動範囲は以前よりも拡大し、武器の使用基準などもゆるめられました。

世界の平和を目指して

対立の20世紀

20世紀、人類は２度の大きな戦争を経験しました。２度目の戦争では日本も中国や太平洋で戦い、最終的には広島、長崎への原子爆弾投下によって敗戦したのでした。

これらの戦争を経験したのちも、戦争の危険はなくなりませんでした。アメリカとソビエト連邦（現在のロシア）との対立が、核兵器の恐怖をともなって全世界をまきこんだのでした。この対立は、危機はあったものの、直接の戦争にはならなかったため「冷戦」とよばれました。

冷戦後の世界

冷戦は終結したものの、内戦という形での戦争は世界各地でおこっています。また、核兵器の恐怖は冷戦時ほどではないにしても、今もまだ残っているうえ、テロの恐怖もましています。テロは、いつどこでおこるかわからず、だれがまきこまれるかもわかりません。

内戦やテロの原因はいろいろありますが、最近は民族や宗教の問題が多くなっています。さらに、2001年にアメリカでおこった同時多発テロのような大規模なテロが、国際的な問題となっています。

国際紛争と軍縮の問題

20世紀の後半は、アメリカと旧ソ連の対立の時代でした。対立が解消されたあとも各地でさまざまな紛争がおこっています。紛争の解決にはどんな努力が必要なのでしょうか。

2001年、ニューヨークをおそった同時多発テロ。ハイジャックされた飛行機が激突し、燃え上がる世界貿易センター。

紛争をなくす努力

核兵器は、今のところ、人類が生み出した最悪の兵器のひとつです。多くの人びとがこれをなくす努力をしているものの、実際に核兵器を保有している国ぐにはそれをしようとしていません。2021年に発効した核兵器禁止条約には、核兵器を保有している国は一国も参加していません。さらに、唯一の被爆国である日本も参加していないのです。

核兵器をはじめさまざまな兵器をなくす努力が行われている一方で、対立する勢力に兵器を提供する国があることで、内戦がはげしくなった国も数多くあります。内戦は多くの難民を生み出します。生活の場をうばわれた難民の多くは国外にのがれ、そのことがまた、大きな国際問題になっているのです。

さまざまな問題をかかえる国際社会ですが、こうした問題を平和的に解決するための努力をおしまない国もあります。また、国際連合の活動もみのがすことはできません。

しかし、現実にはさまざまな争いはなくなってはいません。争いのない世界をつくるためには、争いの原因に目を向け、それをなくしていくことにも努力する必要があるのかもしれません。

第二次世界大戦後のおもな戦争・紛争

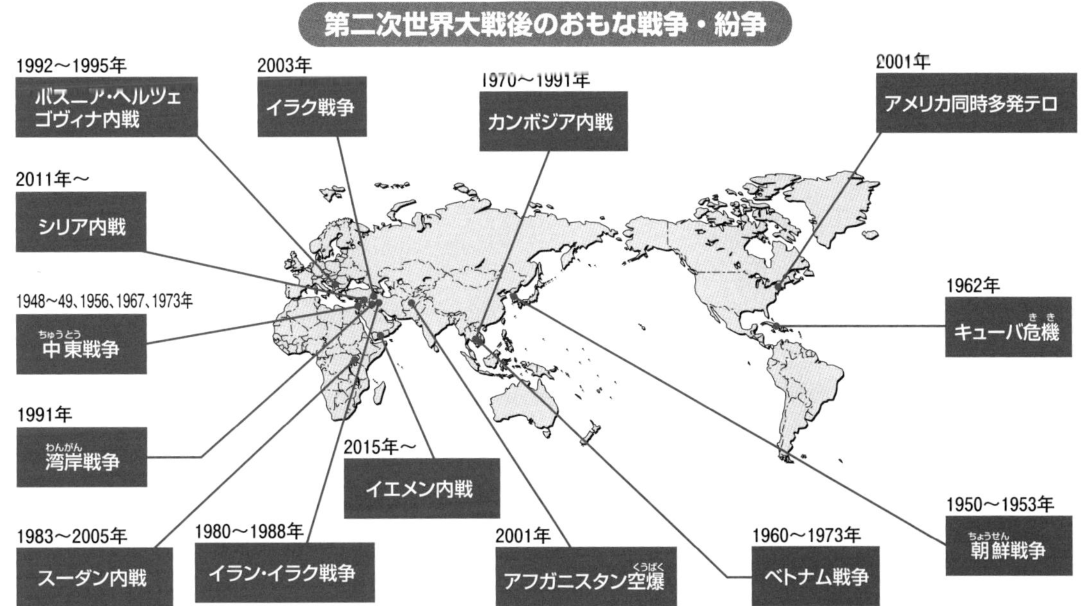

世界の平和を目指して

ほんの少し前の時代——戦争と平和の20世紀

20世紀に入って最初の大きな戦争は日露戦争でした。近代国家としての歩みを始めた日本が、大国ロシアを相手に回して戦ったのです。ロシアと日本が領土をめぐって争ったのでした。

日露戦争開戦の10年後、人類史上最初の世界大戦が始まりました。第一次世界大戦です。ヨーロッパ全土を戦場として戦われたこの戦争も、領土の拡張を望むドイツと、それまでの利益を守ろうとするイギリスなどとの争いが原因でした。

第一次世界大戦が終わり、世界は再び平和をとりもどしました。しかし、第一次世界大戦中に始まったロシア革命は、まったく新しい体制の国、ソビエト社会主義共和国連邦を誕生させたのです。第二次世界大戦後におこる資本主義国と社会主義国との対立の芽が生まれたのです。

不安定ながらも表面的な平和を保った時代がすぎ、世界中が不景気の波におそわれるようになると、第一次世界大戦の敗戦国ドイツや、見かけだけの大国となった日本が、再び戦争への道を走るようになりました。

日本がおこした満州事変や日中戦争はアジアを戦場とし、ドイツがおこしたポーランド侵攻はヨーロッパを再び戦場としたのです。ここに、第一次世界大戦をはるかに上回る規模の第二次世界大戦が始まったのです。

日本やドイツの敗戦で終わった第二次世界大戦は、世界中、いたるところに戦争の傷あとを残しました。今度こそ、二度と戦争をおこさない、という決意で生まれたのが国際連合でした。

国際連合が誕生したものの、世界のようすは大きく変わっていました。第二次世界大戦末、ソビエト連邦の勢力が東ヨーロッパ全体に広がり、次々と社会主義の国が誕生したのです。アジアでも同じでした。アメリカや西ヨーロッパ諸国、日本などの資本主義国と、ソ連や東ヨーロッパ諸国、中国などの社会主義国との対立がおこったのです。これを冷戦といいます。

アメリカとソビエト連邦は軍事力で世界のほかの国ぐにを引きはなしていました。そのため、この両国が直接武力衝突をおこすことはできませんでした。しかし、朝鮮半島やベトナムでは、対立が激化し、戦争がおこりました。

20世紀も終わりに近づいた1989年、アメリカとソビエト連邦の首脳が会談し、冷戦は終結しました。

しかし、それまで冷戦のもとでおさえこまれていた民族間の対立が激化し、現在では、かえって世界各地で紛争が絶えないのです。

テーマに関するおもなできごと

国際紛争と軍縮に関するおもなできごと

1914年	第一次世界大戦が始まる
1917年	ロシア帝国が滅び社会主義政権が成立
1939年	ドイツ軍がポーランドに侵攻 （第二次世界大戦が始まる）
1941年	日本軍がハワイの真珠湾を攻撃 （太平洋戦争が始まる）
1945年	アメリカが史上初の核実験 広島・長崎に原爆が投下される
1948年	朝鮮が南北に分断して独立
1949年	ソ連が初の核実験 ドイツが東西に分断して独立 中華人民共和国が成立
1950年	朝鮮戦争が勃発
1954年	ベトナムが南北に分断
1962年	アメリカが南ベトナムへの介入開始 （ベトナム戦争）
1963年	アメリカ、イギリス、ソ連が部分的核実験禁止条約を結ぶ
1965年	アメリカが北ベトナムへの爆撃開始
1968年	アメリカ、ソ連などが核拡散防止条約を結ぶ
1975年	ベトナムが和平協定に正式調印 （→1976年ベトナム統一）
1989年	「ベルリンの壁」が崩壊する 米ソ首脳がマルタで会談（冷戦の終結）
1990年	ドイツが統合される
1996年	国連総会で包括的核実験禁止条約が採択される
2017年	北朝鮮が６度目の核実験を行う
2021年	核兵器禁止条約が発効

●冷戦の起源

ロシア革命がおこり、ロシアにソビエト社会主義共和国連邦という史上初めての社会主義国が成立しました。当時は一国だけの社会主義国です。ほかの国ぐにはこの社会主義国による革命の輸出を警戒し、対立を深めていきました。これは第二次世界大戦後も続き、ロシア革命を冷戦の起源という人もいます。

▲広島に投下された原子爆弾のきのこ雲

●戦争で使われた核兵器

1945年８月６日・９日と続けて広島・長崎に原子爆弾が投下されました。核兵器が実際の戦争に使われた最初で最後の例となったのです。この原爆投下によって、1945年末までに広島で約14万人が、長崎で約７万人が犠牲になりました。

▲マルタ会談後、握手する米ソ首脳

●冷戦の終結

地中海のマルタで、アメリカのブッシュ大統領（左）とソビエト連邦のゴルバチョフ書記長（右）が会談して、アメリカとソ連の44年にわたる対立が解消しました。

18

国際紛争と軍縮

世界の平和を目指して

冷戦

第二次世界大戦後、アメリカ合衆国（米国）を中心とする「**資本主義**（自由主義）」の国ぐにと、ソビエト連邦（ソ連：現在のロシア連邦をふくむ15の共和国の集合体）を中心とする「**社会主義**」の国ぐにとの対立が生まれました。大戦中にソ連が解放した東ヨーロッパの国ぐにには社会主義の国として再建され、資本主義の西ヨーロッパ諸国と、政治や社会に対する考え方のちがいから対立を深めて行きました。この２国（**米ソ**）を中心とする対立は世界のほかの地域にも影響をおよぼし、アジアでは**朝鮮戦争**や**ベトナム戦争**がおこりました。

両国はたがいに軍事力を競い合い、また、各地でおこる戦争や紛争に強い影響をあたえましたが、両国が直接戦火を交えることはなかったので、冷たい戦争（**冷戦**）とよばれています。

ベルリンの壁

第二次世界大戦後、ドイツは**資本主義の西ドイツ**（首都ボン）と、**社会主義の東ドイツ**（首都ベルリン）に分断されました。ベルリンはそれまでのドイツの首都であったことから、勝者側の米ソなどが共同管理していましたが、これも東西に分断され、西ベルリンは西ドイツの飛び地となりました。その後、東ベルリンから自由を求めて西ベルリンへ亡命（政治上の理由で他国にのがれること）する人が相次いだため、1961年に東ドイツは西ベルリンを囲む壁を築きました。

この**ベルリンの壁**は、ヨーロッパにおける**冷戦**の象徴といわれました。しかし、1989年、東ヨーロッパの民主化運動の高まりの中でこの壁は崩され、翌1990年に**東西ドイツは統合**されました。

テロ（テロリズム）

暴力を用いて、人びとに恐怖をあたえ、自分たちの目的をはたそうとする行為を**テロ（テロリズム）**といいます。

テロの中でも最大のものは2001年９月11日にアメリカでおきた同時多発テロでした。イスラム過激派によるこのテロの犠牲者は3000人近く、かつてない規模のものでした。

21世紀以降のテロの多くはイスラム過激派によるもので、宗教的な要素がテロに加わってきたともいえるでしょう。このイスラム過激派によるテロは、現在、アジアからヨーロッパにかけて多くの犠牲者を出しているのです。

入試によく出る時事キーワード

核兵器拡散防止条約と核兵器禁止条約

●核兵器拡散防止条約（NPT）

1970年に発効したこの条約は、当時の核兵器保有国（アメリカ、ソビエト連邦、イギリス、フランス、中国）が、それ以外の国に核兵器をわたしたり製造技術を教えたりしないことで、核兵器の開発・保有を禁じ、拡散を防ぐためのものです。しかし、核実験をしたインド、パキスタン、北朝鮮と核保有が疑われるイスラエルは加盟していません。

核兵器保有国と開発が疑われている国

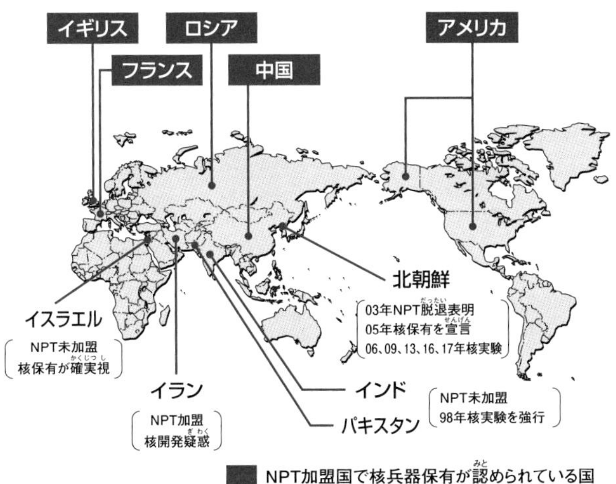

●核兵器禁止条約

2017年に国際連合総会で採択され、2021年に発効したこの条約は、核兵器のない世界を達成・維持することを目指しています。核兵器を完全になくそうとする初めての条約ですが、核兵器保有国のすべてとそれらの国の同盟国の多くは批准（条約に署名し同意すること）しておらず、核兵器廃絶への道のりは前途多難といえそうです。

核実験禁止条約

1960年代に入り「**キューバ危機**」や「**ベルリンの壁**」の建設などの国際緊張が高まると、この危機的状況をさけるため、米ソの平和共存への歩みよりが進み、核軍縮の動きもあらわれました。

●部分的核実験禁止条約

地下実験をのぞく大気圏、宇宙空間、水中での核実験を禁止する条約。1963年８月に米（アメリカ）・英（イギリス）・ソ（現在のロシア）三国間で調印され、同12月までに、日本をふくむ103か国が条約に調印しました。

●包括的核実験禁止条約（CTBT）

地下核実験もふくめ、核爆発をともなうあらゆる核実験を禁止する条約で、1996年に国連総会で採択されました。この条約の発効には、原子炉施設をもち、核兵器開発が可能な44か国の署名と批准（条約を結ぶことを国が最終的に確認し同意すること）が必要ですが、1998年に核実験を強行したインド・パキスタンをはじめアメリカなどは批准しておらず、北朝鮮は署名もしていません。

●臨界前核実験

過去の核実験のデータと理論から、コンピューターで核爆発のシミュレーションを行い、核兵器の信頼性を調べる実験のこと。1997年にアメリカが、「核兵器の安全性と信頼性の維持」を理由にこの実験を行いました。この実験により核保有国が新たな核開発を行うおそれがあることから、核軍縮を求める国際世論に反するとの批判もおこっています。

19

日本に近くて遠い国

▲（左上）尖閣諸島、（右上）竹島、（左下）北方領土の国後島（手前）と択捉島、（右下）拉致事件被害者の北朝鮮からの一時帰国（2002年）

大国が集まる地域

日本や中国、朝鮮半島のある地域はユーラシア大陸の最も東に位置していることから「極東」とよばれます。この地域にはどんな国ぐにがあるのでしょう。

ユーラシア大陸の東から西に広がるロシア連邦は、面積が世界最大の国家です。中華人民共和国は人口が世界で最も多く、経済力がアメリカに次いで世界第2位の経済大国です。加えて、朝鮮半島の2つの国、大韓民国（韓国）と朝鮮民主主義人民共和国（北朝鮮）が極東の国ぐになのです。

東シナ海にある尖閣諸島は小さな島と岩礁の集まり。でも、この島がどの国の領土なのかがとても重要な意味をもっているんだ。

むずかしい国内問題

極東の国ぐには、現在、それぞれにむずかしい問題をかかえています。

ロシアは、1991年にソビエト社会主義共和国連邦が崩壊し、ロシア連邦として再出発したのですが、かつてのソビエト連邦時代には100を超える民族がいた

テーマ

まわりの国との問題

今、日本はまわりの国ぐにとの関係が必ずしもうまくいっているとはいえません。しかし、日本は昔から、まわりの国ぐにと交流しさまざまな文化を手に入れてきたのです。

といわれる国です。現在でも国内に深刻な民族問題をかかえています。

中国の最近の経済発展にはめざましいものがあります。しかし、その結果、国内の貧富の格差が極端に広がっています。また、工業都市周辺の公害問題も深刻です。

南北朝鮮の最大の問題は国が２つに分断されているということです。政治のしくみのちがいは人びとの生活に大きなちがいをあたえています。また、産業が発達して豊かな国になった韓国に対して、食糧難になやむ北朝鮮という、２つの国の貧富の格差も問題です。

極東の緊張

これらの国と日本との関係はどうでしょうか。中国や韓国とは経済的なつながりを深め、その点では良好といえます。しかし、政治の問題では対立を深め、過去のさまざまなできごとがきっかけとなって、反日感情が高まることもあります。また、中国との間では尖閣諸島が、韓国との間では竹島が、決着がつかない領土問題として残されています。また、ロシア連邦との間の北方領土問題も、解決の糸口はつかめていません。

そして北朝鮮です。日本人拉致問題や核施設の問題、そして、テポドンというミサイルの問題など、閉ざされた国であるだけに対応がむずかしくなっています。

日本と周辺の国ぐにの国力の比較

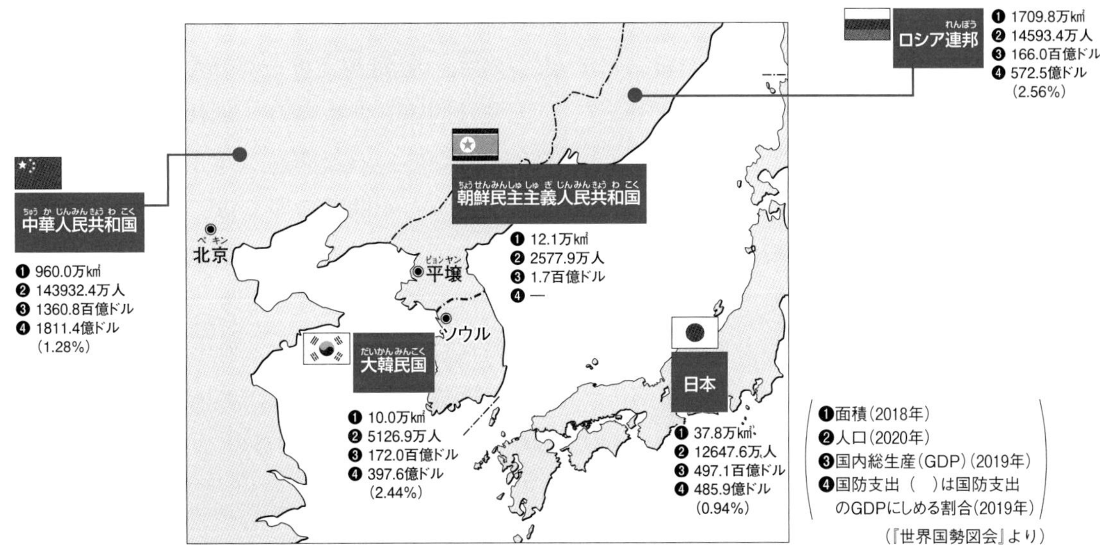

（『世界国勢図会』より）

日本に近くて遠い国

親しい国ぐにとの不幸な時代。歴史の重みと現代の課題

2000年以上前から、日本は中国や朝鮮半島の国ぐにと交流していました。大陸の進んだ文化や技術を学ぶことによって、国の基礎をつくってきたのです。そして、中国や朝鮮半島から多くの人びとが日本に移り住み、日本の歴史の中で重要な役割をはたしてきたのです。

その後、日本は外国に対して国を閉ざした時期が何度かありましたが、そんなときでも何らかの形で中国や朝鮮半島の国ぐにとの行き来は続きました。

中国や朝鮮半島の国ぐにとは異なり、ロシアが日本の歴史に登場してから、まだ200年ほどしかたっていません。ロシアは日本との貿易を求めてきたのです。

やがて明治時代になると、日本が近代国家への歩みを始めるのとは対照的に、中国ではヨーロッパの国ぐにによる半植民地化が進みました。その後、中国と日本は朝鮮半島をめぐって対立し、日清戦争がおこりました。国内の統一もうまく進まない中国は日本との関係もますます悪くなり、反日運動もはげしくなりました。そして、満州事変を経て、とうとう日中戦争がおこってしまいました。

朝鮮半島には中国や日本、ロシアが勢力を広げようとしていました。日本はロシアとの戦争（日露戦争）に勝利したあと朝鮮半島に勢力をのばし、やがて、日本の領土にしてしまいました。

日露戦争ののち、革命によってロシア帝国がたおれ、世界で最初の社会主義国（ソビエト社会主義共和国連邦）が誕生するとシベリアに日本軍を派遣するなどして対立を深めていきました。

やがて、太平洋戦争や日中戦争などが終わると、日本のまわりのようすも大きく変化しました。

中国には社会主義の中華人民共和国が誕生し、朝鮮半島には南北２つの国が誕生しました。冷戦の中で、日本のまわりは緊張につつまれたのでした。

サンフランシスコ平和条約を結び独立を達成した日本ですが、中国や南北朝鮮、ソ連との国交回復はそれよりもおくれて行われました。そして、まわりの国の中で正式に国交を回復していないのは、北朝鮮だけとなったのです。

国交は回復したものの、これらの国ぐにとはいろいろな問題が残されています。そうした問題の多くは、日本とこれらの国ぐにとの間の歴史上のつながりからおこっているのです。とくに明治時代以降の歴史は、これらの国ぐにとの関係を考えるとき、わすれてはならないものとなっているのです。

テーマに関するおもなできごと

日本とまわりの国ぐにに関するおもなできごと

1855年	日露和親条約（通好条約）を結ぶ
1875年	樺太千島交換条約をロシアと結ぶ
1876年	日朝修好条規を結ぶ（朝鮮にとって不利な不平等条約）
1894年	日本が清と戦争を始める（日清戦争）
1904年	日本がロシアと戦争を始める（日露戦争）
1910年	日本が韓国を植民地にする（韓国併合）
1915年	21か条の要求を中華民国政府に提出する（中国における日本の利益を要求）
1917年	ロシア革命（日本やアメリカなどが革命に干渉するために、シベリア出兵を行う）
1919年	三・一独立運動が韓国でおこる
	五・四運動が中国でおこる
1931年	中国北東部の柳条湖で日本軍による鉄道爆破事件がおこる（満州事変始まる）
1937年	北京郊外の盧溝橋で日中両軍が衝突（日中戦争始まる）
1948年	大韓民国と朝鮮民主主義人民共和国の成立
1949年	中華人民共和国の成立
1950年	朝鮮戦争始まる（→1953年休戦）
1956年	日ソ共同宣言（ソ連との国交回復）
1965年	日韓基本条約（大韓民国との国交回復）
1971年	中国と台湾が初めて公式に尖閣諸島の領有権を主張
1972年	日中共同声明（中国との国交回復）
1978年	日中平和友好条約を結ぶ
2002年	日朝首脳会談が開かれる

●領土問題の源

日本がロシアと最初に結んだ日露和親条約で、日本の領土は択捉島以南と定められました。その後、樺太千島交換条約で、日本は千島列島を、さらに日露戦争で樺太の南半分を領土とするのですが、1951年のサンフランシスコ平和条約で千島列島と樺太の領土権を放棄しました。択捉島以南は千島列島にふくまれるのでしょうか？

▲三・一独立運動。朝鮮の各地で検挙された学生

●反日の1919年

韓国のソウルで3月1日、反日を掲げる人びとが独立を宣言しました。その後各地で「独立万歳」をさけび、韓国国民が立ち上がりました。一方、5月4日には日本の山東半島占領に反対する中国の学生や知識人などが北京大学で反日デモを行い、反日運動は全国に広がっていきました。

▲調印式にのぞむ鳩山一郎首相（左）とブルガーニン首相

●すべてを切りはなした国交正常化

日ソ国交回復は領土問題や漁業問題などがからんで、何度も中断されてきました。結局、こうした問題はすべて切りはなして、まず、国交の回復が行われたのでした。

19

日本に近くて遠い国

まわりの国

戦後の国交正常化

●日ソ共同宣言

日本と**ソ連**（現在の**ロシア連邦**）が、第二次世界大戦の戦争状態を終わらせ、国交を回復するために調印された宣言。

ソ連は1951年のサンフランシスコ平和条約には調印しませんでした。その後、**鳩山一郎**内閣が国交回復のための交渉を進め、1956年10月にモスクワで調印、12月に批准され国交が回復しました。この結果、日本の念願だった国連への加盟が実現しました。

●日韓基本条約

1965年に日本と**大韓民国**が国交を正常化するために結ばれた条約。この条約では1910年の**日韓併合条約**（日本が朝鮮を植民地とする条約）の無効化や戦後の賠償、また、大韓民国政府を朝鮮半島にある唯一の政府とすることが確認されました。

●日中共同声明

1972年、**田中角栄**首相が北京におもむき、周恩来首相との会談で、日本と**中華人民共和国**の国交正常化のために発表した共同声明。この声明の中で、日本は過去の戦争で中国にあたえた損害を反省し、今後、両国が平和と友好を発展させていくことを確認しました。これにより日中戦争以来35年間続いた両国の関係が改善され、その後、1978年、福田赳夫首相のとき、**日中平和友好条約**が結ばれました。

排他的経済水域と尖閣諸島・竹島

1982年に結ばれた国連海洋法条約によって、沿岸から**200海里**（約370km）までの水域内の水産資源や海底資源の探査・開発・保存・管理を行う権限を沿岸国がもつという、**排他的経済水域**が定められました。

日本も1996年からこの水域を設けていますが、日本海の**竹島**は**大韓民国**と、東シナ海の**尖閣諸島**は**中国**・**台湾**と、それぞれ島の領有をめぐって日本との主張がくいちがっており、日本の200海里水域の境界はまだ確定していないところがあります。

（注：船の航行や海底ケーブルの敷設はどこの国でも自由に行えます）

東アジアの国ぐにと日本の経済水域

竹島
島根県沖、本土から約200kmにある小島群。**島根県**隠岐郡五箇村に属する。

尖閣諸島
沖縄県の北西端にある小島群。魚釣島、黄尾礁、北小島、赤尾礁などからなる無人島。

入試によく出る時事キーワード

北方領土

千島列島南部の**択捉島**、**国後島**、**色丹島**、**歯舞群島**の4島を**北方領土**といいます。

これらの島じまは1855年にロシア帝国と結んだ日露和親条約で日本の領土となりました。しかし、太平洋戦争末期にソ連軍が参戦したことで北方4島も占領されてしまいました。戦後、北方領土返還を求めて**ソ連**（**ロシア**）と交渉を重ねてきましたが、ロシア人の居留地や軍事基地があること、周辺海域の水産資源の領有権の問題もあり、返還実現はむずかしい状況にあります。

ロシアとの国境の推移

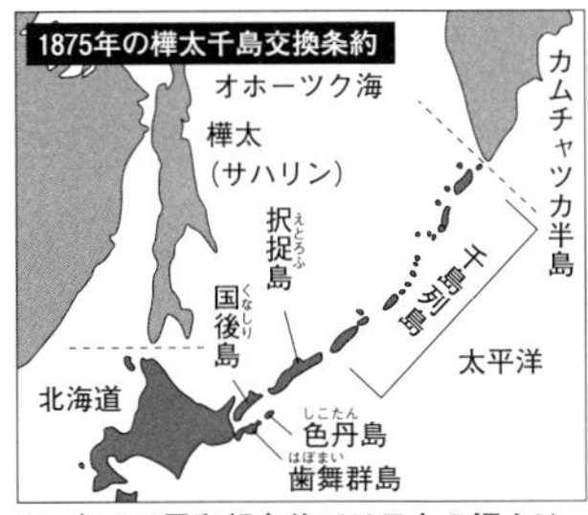

1855年の日露和親条約では日本の領土は択捉まで。樺太は両国の混住地だったが、樺太千島交換条約で上図のように変わる。

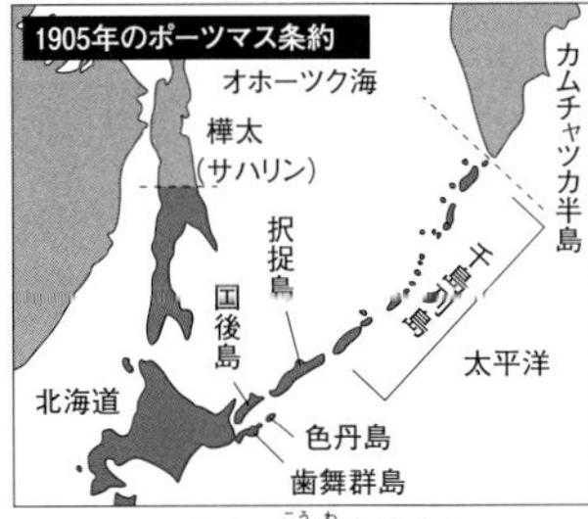

1905年、日露戦争の講和条約（ポーツマス条約）では、さらに樺太の南半分が日本領としてふえる結果となった。

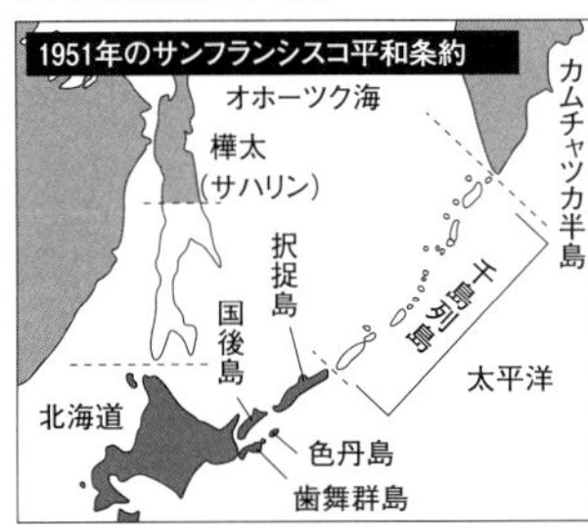

サンフランシスコ平和条約で日本は千島・樺太の領土権を放棄。しかし、日本の見解では千島列島に北方四島はふくまない。

朝鮮戦争

太平洋戦争が終わるまで、日本の植民地であった朝鮮半島は、戦後、南北に分断され、北緯38度線を境に、1948年には南に資本主義の大韓民国が、北に社会主義の朝鮮民主主義人民共和国が建国されました。1950年に戦争がおこり、1953年に休戦協定が結ばれました。

中台問題

1683年に台湾は清（当時の中国）の一部となり、その後、1894年におきた日清戦争の結果、勝利をおさめた日本の植民地となりました。日本が太平洋戦争に敗れると、台湾は、中華民国（このころの中国）に返還されました。

1949年、中国に**社会主義の中華人民共和国**が成立すると、内戦に敗れた中華民国の指導者である蒋介石が率いる国民党は、**台湾**にのがれ、この地を**中華民国**としました。しかし現在でも、中華人民共和国は台湾を自国の一部と考え、国として認めていません。一方、台湾のほうは自分たちを中国から独立した国であると主張しており、両者は軍事的緊張につつまれています。

拉致問題

1970年代の終わりごろから、**朝鮮民主主義人民共和国**（**北朝鮮**）の工作員が、日本人を拘束して無理やり連れ去る（**拉致**）事件が多発しました。

北朝鮮はこの事実を否定し続けてきましたが、2002年9月に**小泉純一郎**首相が訪朝した際、**金正日**総書記は拉致の事実を認め謝罪しました。また、このとき調印された**日朝平壌宣言**の中にも、この事件の解決に努力することがもりこまれました。これにより、翌10月には拉致被害者5人の帰国が実現し、2004年の小泉首相の2回目の訪朝によって、先に帰国した5人の家族たちの帰国もかないました。

しかし、これ以外の行方不明の人びとに関しては進展が見られず、その安否も確認できていません。

私たちの未来・地球社会

危機にあふれた世界

私たちが生活している世界は環境破壊や紛争、貧困などさまざまな課題に直面しています。世界のあらゆる地域が結びつきを強めている今、こうした課題は私たち日本人にとっても無関心ではいられない問題なのです。

もちろん、さまざまな問題を解決するための努力は常に行われてきました。第二次世界大戦後、こうした努力の中心には国際連合の存在がありました。紛争の解決や軍縮などだけでなく、貧困にあえぐ子どもたちへの支援や環境問題、国際社会のさまざまなルールづくりなどに大きな役割をはたしてきたのです。その国際連合は、2015年に「持続可能な開発目標（SDGs）」を立てました。これは、2030年までに達成すべき具体的な目標として17の項目をあげ、「誰ひとり取り残さない」持続可能な世界をつくろうとするものです。

日本の政府開発援助を行う国際協力機構（JICA）の緊急援助隊医療チームが、フィリピンの離島に診療所を開設したよ。

テーマ 国際化の問題

現代は国際化がかつてないほど進み、国と国とのかかわりがひじょうに深くなっている時代です。自分の国のことだけを考えて行動することができにくくなっている時代なのです。

経済発展を目指す結びつき

国際連合による結びつき以外にも、世界経済の発達によって経済的な結びつきを強めている地域が多くあらわれました。

その代表はヨーロッパ連合（EU）です。EU内では貿易の障害となる関税はなくなり、また人びとが国境を自由に通過できるなど、結びつきを強めています。

こうした経済的な結びつきには、ヨーロッパだけでなくアジアの東南アジア諸国連合（ASEAN）と、ASEAN加盟国に日本、韓国、中国、オーストラリア、ニュージーランドを加えた15か国で発足したRCEP（地域的な包括的経済連携）などがあります。しかし、世界の多くの地域は経済発展から取り残され、貧困や飢餓、紛争の中に置かれているのです。

世界のためにできること

SDGsの最後の目標には「パートナーシップで目標を達成しよう」があります。

ここでは、そのほかの16の目標を達成するために、科学技術的・経済的な関係において、先進国は開発途上国に対してさまざまな支援を行うことが具体的にしめされています。

紛争や地球環境の悪化、飢餓や貧困の問題はどこかひとつの国の責任ではありません。もちろん、こうした問題には原因があります。現在の世界がかかえる問題にはなんらかの原因があるのです。そうした原因をなくす努力が、国際連合をはじめとする国際的な機関や世界の国ぐにだけでなく、私たち一人ひとりにも求められているのです。

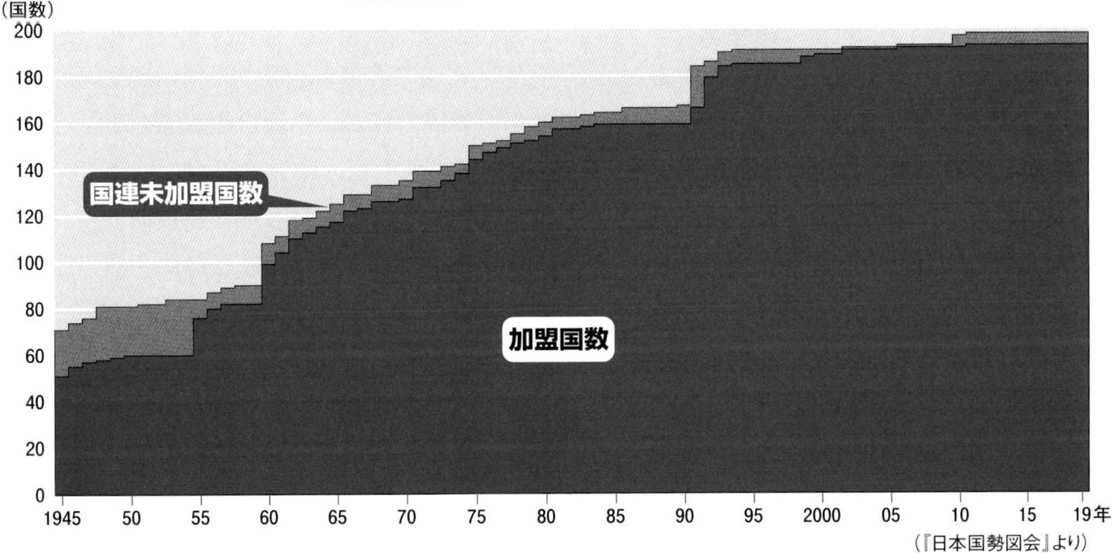

さまざまな組織や活動。国境を越えて広がる世界

国には国境があり、長い間国境を守ることが国を守ることとされてきました。国境を越えていろいろな活動をすることがむずかしかったのです。しかし、国境を越えた活動も必要とされることがあります。国というしばりを越えて、戦場で負傷者を救う活動を始めた赤十字は、そうした活動のさきがけとなりました。

やがて、最初の世界大戦がおこると、こうした戦争を二度とおこしてはいけないという動きが世界中からおこってきました。そうして設立されたのが国際連盟です。国際連盟の活動は、しかし、二度目の世界大戦を防ぐことができませんでした。

国際連盟の失敗を反省した各国は、国際連盟よりも強力な国際機関をつくることを目的に、1945年、国際連合を設立しました。国際連合の中心的な目的は「世界の平和と安全を守ること」ですが、それだけでなく、世界各国の協力によって、国際社会におこるさまざまな問題を解決することも大きな目的となっています。国際連合の活動を通して、政治的な国際化が進められているのです。

一方、国際連合の活動とは別に、地域の統合も少しずつ進められています。その最も進んだ形のものとしてヨーロッパ連合（EU）があります。はじめは戦争の防止を目的に、軍事力の背景となる鉄鋼産業と石炭産業の統合を目指し、フランスを中心にヨーロッパの6か国によって設立された機関でした。それが発展し現在では27の国が加盟し、政府や共通通貨をもつ、国境を越えた組織になっています。

こうした「国」を単位とした国際化とは別に、「人」を単位とした国際化や国際協力も進んでいます。

人を単位とした国際協力の例として、日本の青年海外協力隊があげられます。青年海外協力隊は、おもに発展途上国に対して、さまざまな技術をもった青年を派遣する事業です。現地の人びとと生活しながら技術援助などを行っています。

NGO（非政府組織）が派遣する国際ボランティア活動も注目されています。青年海外協力隊が人を派遣する国の事業であるとすれば、NGOの活動は、市民が自発的に自分の意思で行う援助ということができます。それだけに、活動も幅広く多方面にわたっています。また、個人の自発性によって行われるため、国の事業よりも柔軟性があります。そのため、世界の多くの国の人びとが、国境を越えて、必要とされる場所で活動しているのです。

テーマに関するおもなできごと

国際社会に関するおもなできごと

1863年	赤十字国際委員会の設立(国際赤十字)
1920年	国際連盟の設立
1945年	国際連合の設立(原加盟国51か国)
1956年	最初の平和維持軍がシナイ半島に派遣される
1965年	青年海外協力隊が発足
1967年	東南アジア諸国連合(ASEAN)が成立
1974年	国際協力事業団(現・国際協力機構 JICA)が発足
1975年	フランスで先進国首脳会議(サミット)が初めて開かれる
1993年	ヨーロッパ連合条約が発効しヨーロッパ連合(EU)が誕生
1995年	阪神・淡路大震災がおこる(各国のボランティアが援助活動を行う)
1999年	EUで共通通貨ユーロの導入が決定
	カンボジアがASEANに加盟(ASEAN10)
2002年	東ティモールとスイスが国際連合に加盟
2006年	モンテネグロがセルビアと分離・独立し、国連加盟
2011年	南スーダンが国連加盟(加盟国193か国となる)
2015年	国連で、17の目標と169のターゲットからなる「持続可能な開発目標(SDGs)」が採択される
2018年	環太平洋経済連携協定(TPP)が発効
2020年	イギリスがEUを離脱
	新型コロナウイルス感染症によるパンデミックがおこる
	地域的な包括的経済連携(RCEP)に署名

▲洪水による負傷者を運ぶ赤十字職員(ドミニカ共和国)

●赤十字の旗

白地に赤い十字を記した赤十字の旗は、赤十字の発展に大きな力のあったスイスに敬意を表して、スイス国旗の配色を逆にしてつくられました。

●サミットはなぜ開かれたか

1973年におこった第一次石油危機は、世界中を大混乱におとしいれました。混乱した世界経済を立て直すために、当時フランスの大統領であったジスカール＝デスタンが提案して1975年に開かれたのがサミットです。現在はＧ７サミット（主要国首脳会議）となっています。

●17の持続可能な開発目標(SDGs)

1. 貧困をなくそう
2. 飢餓をゼロに
3. すべての人に健康と福祉を
4. 質の高い教育をみんなに
5. ジェンダー平等を実現しよう
6. 安全な水とトイレを世界中に
7. エネルギーをみんなにそしてクリーンに
8. 働きがいも経済成長も
9. 産業と技術革新の基盤をつくろう
10. 人や国の不平等をなくそう
11. 住み続けられるまちづくりを
12. つくる責任つかう責任
13. 気候変動に具体的な対策を
14. 海の豊かさを守ろう
15. 陸の豊かさも守ろう
16. 平和と公正をすべての人に
17. パートナーシップで目標を達成しよう

私たちの未来・地球社会

国連平和維持活動（PKO）

安全保障理事会の決定のもとで、国連加盟国が自発的に提供した兵員・監視要員・警官などを組織としてまとめ、現地に派遣して、紛争の再発、拡大を防ぐために行う活動です。

①対立する軍隊どうしを引きはなす**平和維持軍**（PKF）（救援物資の輸送なども行う）、

②紛争の停戦後に、軍の違反の見張りなどを行う**停戦監視団**、

③平和を取りもどした後、民主的で公平な選挙の実施と監督をする**選挙監視団**、

などがあります。

日本は1992年に**PKO協力法**をつくり、内戦終了直後のカンボジアに自衛隊を派遣したのを皮切りに、その後、いろいろな地域での活動に参加しています。

日本の自衛隊が行ったおもな国際的援助活動

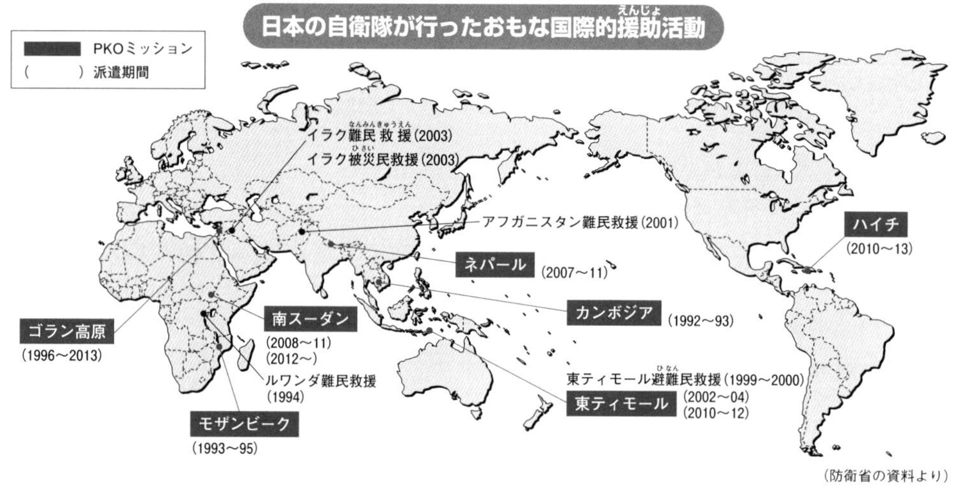

（防衛省の資料より）

国連難民高等弁務官事務所

戦争や紛争などによって国を追われた人びとのことを「**難民**」といいます。これらの人びとを保護し、迫害を受けたり、生命の危機のおよぶ本国へ強制的に帰国させられないよう、受け入れ国に働きかけたりしているのが**国連難民高等弁務官事務所**（**UNHCR**）です。食料や住居、医療などの支援や、難民が帰国する際の手助けも行っています。

世界の難民の数の移り変わり

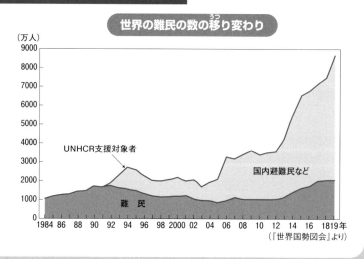

（万人）
9000
8000
7000
6000
5000
4000
3000
2000
1000
0
1984 86 88 90 92 94 96 98 2000 02 04 06 08 10 12 14 16 1819年
UNHCR支援対象者
国内避難民など
難　民

（『世界国勢図会』より）

入試によく出る時事キーワード

青年海外協力隊

日本の国際協力を促進することを目的とする機関として**国際協力機構**（JICA）があります。JICAが実施する政府事業のひとつに**青年海外協力隊**があります。

発展途上国が必要としている国づくり、人づくりに協力するため、専門的な技術をもった青年男女を派遣するもので、1965年の派遣開始からのべ4万5776名（2020年9月末日現在）の隊員を派遣しています。

青年海外協力隊の実績（累計）

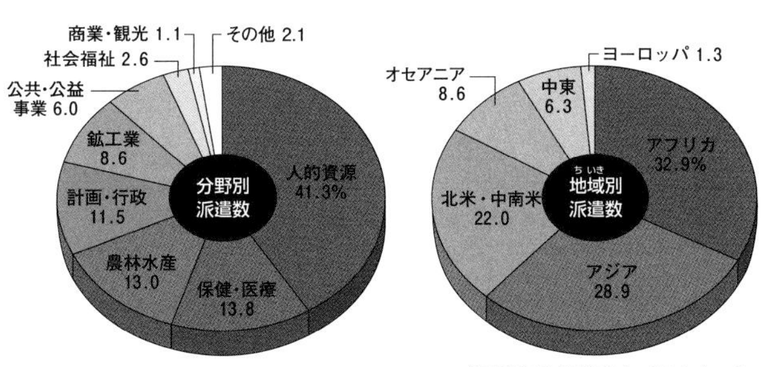

（2020年9月末現在。JICAホームページより）

政府開発援助（ODA）

工業の発達した国を**先進国**とよびます。アメリカや日本、ヨーロッパ連合（EU）の国ぐになどがこれに属します。一方、工業の近代化におくれ、おもな産業を農林水産業にたよっている国を**発展途上国**（**開発途上国**）とよびます。多くは、人口の増加や凶作による飢え、内戦などの社会不安の中にあります。

先進国の政府が発展途上国の求めに応じて、その国の産業をさかんにし、人びとの生活を向上させるために行う経済援助や技術提供を**政府開発援助**（**ODA**）といいます。

日本の二国間援助の相手国

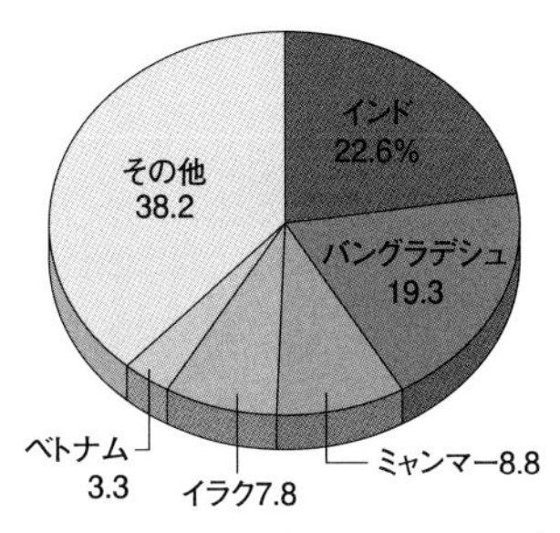

（2018年。純額ベース。『日本国勢図会』より）

非政府組織（NGO）

NGOとは、一般に人権や環境保護などの分野で活躍する民間団体のことで、ボランティアグループや市民団体、社会福祉法人などがあります。その活動は、発展途上国の事業の開発支援や教育の普及、軍縮や難民の救済など幅広く、活動のしかたも、団体が個別に活動したり、ある国と協力しながら活動したりと、さまざまなケースがあります。1990年代に入り、日本国内でも急増しました。

話題になったNGO

医療分野で活躍する「国際赤十字」は、赤い羽根募金でも知られている
死刑の廃止、難民救済など人権救済に取り組むアムネスティインターナショナル
自然環境保護に取り組む「グリーンピース」

入試によく出る時事キーワード

さくいん

資料提供

朝日新聞社
アフロ
沖縄タイムス
共同通信社
国立国会図書館
国連広報センター
古城 渡
時事通信社
新華社
朝鮮通信
デジタル楽しみ村
ピクスタ
東京電力
毎日新聞社
武蔵野市役所
悠工房
読売新聞社
AFP通信
Bridgeman Images
dpa
Getty Images
KT MILLER/Polar Bears International
Newscom
NIAID
ZUMA Press

企画・編集　日能研教務部

表紙イラスト　さかたしげゆき
本文イラスト　野村タケオ